四部要籍選刊

蔣鵬翔 主編

阮刻禮記注疏

三

（清）阮元 校刻

浙江大學出版社

本册目録（三）

附釋音禮記注疏卷第八

檀弓上

禮記　鄭氏注　孔穎達疏

子柳之母死子碩請具具葬之器用子柳魯叔仲皮之子子碩兄○碩音石子柳曰何以哉言無其財子碩曰請粥庶弟之母粥謂嫁之也妾賤取之曰買○鬻本又作粥音育賣也注同子柳曰如之何其粥人之母以葬其母也不可忠恕既葬子碩欲以賻布之餘具祭器古者謂錢爲泉布所以通布貨財子柳曰不可吾聞之也君子不家於喪惡因死者以爲利○惡烏路反請班諸兄弟之貧者以分死者所矜也祿多則與鄰里鄉黨【疏】子柳至貧者○正義曰此一節論不

粥人之母及因死爲利之事各依文解之○注子柳至碩兄正義曰案下檀弓云叔仲皮學子柳故知子柳是叔仲皮之子知子碩兄者以此云子碩曰請粥庶弟之母故知子碩兄也○注古者至貨財○正義曰解布名也言古者謂錢爲泉布所以然者言其通流有如水泉而徧布貨買天下貨財也而鄭注周禮云藏曰泉其行曰布取名於水泉其流行無不徧也鄭又云泉始蓋一品周景王鑄大泉而有二品後數變易不復識本制至漢唯有五銖久行案鄭此者云五銖者其重五銖凡十黍爲一參十參爲一銖二十四銖爲一兩故錢邊作五銖字也鄭又云王莽改貨而異作泉布多至十品今存於民間多者有貨布大泉貨泉貨布長二寸五分廣寸首長八分有奇廣八分其圜好徑二分半足枝長八分其右文曰貨左文曰布重二十五銖直貨泉二十五大泉徑一寸二分重十二銖文曰大泉直十五貨泉貨泉徑一寸重五銖右文曰貨左曰泉直一也案食貨志云今世謂之笮錢是也邊猶爲貨泉之字大泉即今大四文錢也四邊並有文也貨布之形今世難識世人或耕地猶有得者古時一箇準二十五錢也然古又有刀刀有二種一是契刀一是錯刀也契刀直五百錯刀直一千契刀無縷而錯刀用金縷之刀形如錢而邊作刀字形也故世猶呼錢爲錢刀也○君子

曰謀人之軍師敗則死之謀人之邦邑危則亡之利己亡。衆非忠也言亡之者雖辟賢非義退○公叔文子升於瑕丘蘧伯玉從二子衛大夫文子獻公之孫名拔。蘧本又作璩其魚反從才用反又如字拔皮八反徐蒲末反文子曰樂哉斯丘也死則我欲葬焉蘧伯玉曰吾子樂之則瑗請前刺其欲害人良田瑗伯玉名。樂音洛下同一讀下樂五教反瑗于卷反又於願反刺七賜反【疏】公叔至請前○正義曰此一節論蘧伯玉仁者刺文子欲害人良田之事○注文子獻公之孫名拔○正義曰案世本云獻公生成子當當生文子拔拔生朱爲公叔氏○弁人有其母死而孺子泣者言聲無節○弁皮彥反孺而注反孔子曰哀則哀矣此。誠哀。而難爲繼也失禮中夫禮爲可傳也爲可繼也故哭踴有節○傳直專反【疏】弁人至有節。

正義曰此一節論孔子識弁人哀過之事○而難爲繼也者此哀之深後人無能繼學之者也○夫禮爲可傳也爲可繼也故哭踊有節者又廣述其難繼爲失也夫聖人禮制使後人可傳可繼故制爲哭踊之節以中爲度耳豈可過甚皆使後人不可傳繼乎然雜記曾申問於曾子曰哭父母有常聲乎曰中路嬰兒失其母何常聲之有則與此違者云曾子所言是始死之時悲哀志懣未可爲節此之所言在襲斂之後可以制禮故哭踊有節也所以知然者曾申之問泛問於哭時故知舉重時荅也此之所言哭踊有節竝哭之時在於後也

○叔孫武叔之母死武叔公子牙之六世孫名州仇毁孔子者旣小斂舉者出尸出戶袒且投其冠括髮尸出戶乃變服失哀節冠素委貌○括古活反子游曰知禮嗤之○嗤昌之反

〔疏〕叔孫至知禮○正義曰此一節論武叔失禮之事各依文解之○注武叔至子者○正義曰案世本桓公生僖叔牙牙生戴伯茲茲生莊叔得臣臣生穆叔豹豹生昭子婼婼生成子不敢敢生武叔州仇仇是公子牙六世孫故云公子牙六世孫也云毁孔子者論語云叔孫武叔毁仲尼是也○注尸出至委貌○正義曰案士喪禮

卒斂徹帷主人西面馮尸踊無筭。主婦東面馮亦如之主人髻髮袒衆主人免下云士舉男女奉尸夷。于堂喪大記亦云卒小斂主人袒說髦括髮以麻下云奉尸夷于堂是括髮在小斂之後奉尸夷于堂之前主人爲欲奉尸故袒而括髮在前今武叔奉尸夷堂之後乃投冠括髮故云尸出戶乃變服失哀節云冠素委貌者案雜記云小斂環絰公大夫士一也注云士素委貌大夫以上素爵弁而加此絰焉鄭知然者以喪大記云君將大斂子弁絰大夫大斂無文明亦弁絰大斂既爾明小斂亦然故云大夫以上弁絰案武叔投冠武叔是諸侯大夫當天子之士故云士素委貌若然案士喪禮主人是括髮鄭注云始死將斬衰者雞斯將。括髮者去笄纚而紒無素委貌者熊氏云士喪禮謂諸侯之士故無素冠也崔氏云將小斂之時已括髮括髮後大夫以上加素弁士加素委貌至小斂訖乃投去其冠而見括髮今案士喪禮及大記皆小斂卒乃括髮無小斂之前爲括髮者崔氏之言非也案士喪禮小斂括髮鄭注喪服變除云襲而括髮者彼據大夫以上之禮死之明日而襲與士小斂同日俱是死後二日也鄭注士喪禮一括髮之後此至大斂自若所以大記云小斂主人袒說髦括髮是諸侯小斂之時更括髮者崔氏云謂說去其髦更正括髮非重爲括髮也○子游曰知禮○子游是習禮之人見武叔失禮反謂之知禮故知嗤之也○扶君卜人師扶右射人師扶左謂君疾時也卜當爲僕聲之誤也僕人射人皆平生時贊正君服位者○卜人師依注音僕師長也謂大僕也本或無師字者非也前儒如字卜人及醫師也君薨以是舉不忍變也周禮射人大喪與僕人遷尸〔疏〕扶君至是舉○正義曰此一節論君薨所舉遷尸之人○注謂君至位者○正義曰知是君疾時者以下云君薨以是舉故知君疾時也知卜當爲僕者以卜人無正君之事案周禮大僕職掌正王之服位射人職掌國之三公孤卿大夫之位及王舉動悉隨王故知也○從母之夫舅之妻二夫人相爲服君子未之言也二夫人猶言此二人也時有此二人同居死相爲服者甥居外家而非之○從才用反夫人音扶注同爲于僞反注及下注夫爲妻同或曰同爨緦以同居生緦之親可○爨緦上七亂反下音思〔疏〕從母至爨緦○正義曰此一節論失禮之事各依文解之○注時有至非之○正義曰知同居者以下云同爨緦故知同居也云甥居外家而非之者以言從母及舅皆是外甥稱謂之

辭故知甥也若他人之言應云妻之兄弟婦夫之姊妹夫相爲服不得云從母之夫舅之妻也言甥居外家而非之者謂甥來居在外姓舅氏之家見有此事而非之或云外家者以二人同住甥居外旁之家遥譏之○或曰同爨緦者甥既將爲非禮或人以爲於禮可許既同爨而食合有緦麻之親此皆據緦麻正衰非弔服也故云相爲服若是弔服疏人皆可何怪此二人何肯以爲弔服加麻經如朋友然非也凡弔服不得稱服故上云請喪夫子若喪父而無服時朋友弔服而稱無服故知此相爲服非弔服也○喪事欲其縱縱爾趨事貌縱讀如揔領之揔○縱依注音揔急遽貌吉事欲其折折爾安舒貌詩云好人提提○折大兮反注同

故喪事雖遽不陵節吉事雖止不怠陵躐也止立俟事時也怠惰也○躐力輒反惰徒臥反故騷騷爾則野謂大疾○騷素刀反急疾貌大音泰一音他佐反下注同鼎鼎爾則小人謂大舒君子蓋猶猶爾疾舒之中

疏 喪事至猶爾○正義曰此一節論吉凶趨容之事各依文解之○注詩云好人提提○正義曰所引者魏風葛

屨之詩也魏俗褊薄遣新來婦人縫作衣裳故述而刺之云美好婦人初來之時提提然引之者證安舒之意○故喪至猶爾○正義曰以上喪事欲疾吉事欲舒因上生下故云喪事雖須促遽亦當有常不得陵越喪禮之節吉事雖有行止往之時不得怠惰寬慢故喪事騷騷爾過爲急疾則如田野之人急切無禮若吉事鼎鼎爾不自嚴敬則如小人然形體寬慢也若君子之人於喪事之内得疾之中於吉事之内得舒之中蓋行禮之時明閑法則志意猶猶然猶猶是曉達之貌

○喪具君子恥具辟不懷也喪具棺衣之屬一日二日而可爲也者君子弗爲也謂絞紟衾冒○絞戶交反後同紟其蔭反冒莫報反

〔疏〕喪具至弗爲也○正義曰此一節論孝子備喪具之事各依文解之○注辟不至之屬○正義曰此辟不懷宣八年左傳云禮卜葬先遠日辟不懷也懷思也葬用近日則是不思念其親今送死百物皆具是速棄其親今未即辦具是辟不思親之事也云喪具棺衣之屬者棺即預造衣亦漸制但不一時頓具故王制云六十歲制七十時制八十月制九十日脩唯絞紟衾冒死而后制是也

○喪服兄弟之子猶子也蓋引而

進之也嫂叔之無服也蓋推而遠之也或引或推重親遠別○遠于萬反別彼列反姑姊妹之薄也蓋有受我而厚之者也欲其一心於厚之者姑姊妹嫁大功夫爲妻期○期音基

疏 喪服至者也○正義曰喪服是儀禮正經記者錄喪服中有下三事各以釋之其兄弟之子期姑姊妹出適大功皆喪服經文嫂叔無服喪服傳文所以嫂叔無服進在姑姊妹之上者取或引或推二者相對其子服重是引而進之其嫂無服是推而遠之並云蓋者記人雖解其義猶若不審然故謙而言蓋○注或引至遠別○正義曰已子服期今昆弟之子亦服期牽引進之同於已子案喪服傳昆弟之子期報之也此云引者喪服有世父母叔父母期文云昆弟之子何以亦期也有相報荅之義故云報也已子服期昆弟之子應降一等服大功今乃服期故云引也二文相兼乃備或推者昆弟相爲服期其妻應降一等服大功今乃使之無服是推使疏而斥遠之也言重親解或引言遠別解或推遠別者何平叔云夫男女相爲服不有骨肉之親則有尊卑之異也嫂叔親非骨肉不異尊卑恐有混交之失推使無服也○姑姊妹之薄也者未嫁之時爲之厚今姑姊妹出

嫁之後爲之薄蓋有夫壻受我之厚而重親之欲一心事於厚重故我爲之薄○食於有喪者之側未嘗飽也助哀戚也○曾子與客立於門側其徒趨而出徒謂客之旅曾子曰爾將何之曰吾父死將出哭於巷以爲不可發凶於人之館曰反哭於爾次次舍也禮館人使專之若其自有然曾子北面而弔焉疏曾子至弔焉○正義曰此一節論館客使如其己有之事○曰反哭於爾次者於時立曾子之門故曾許其反哭於汝次舍之處依禮喪主西面曾子所以北面弔者案士喪禮主人西面其賓亦在東門北面謂同國之賓曾子既許其哭於次故以同國賓禮北面弔焉○孔子曰之死而致死之不仁而不可爲也之死而致生之不知而不可爲也之往也死之生之謂無知與有知也爲猶行也○知音智是故竹不成用瓦不成味木不成斲成猶善也

竹不可善用謂邊無縢味當作沫沫靧也○味依注音沫亡曷反鬋陟角反縢本又作滕徒登反靧音悔洗面琴瑟張而不平竽笙備而不和無宮商之調○竽笙音于下音生和胡卧反調直弔反有鐘磬而無簨虡○不縣之也橫曰簨植曰虡○簨息允反虡音巨植時力反又音值其曰明器神明之也言神明死者也神明者非人所知故其器如此

疏孔子至之也○正義曰此一節論生人於死者不可致死致生之事○之死而致死之者之往也謂生者以物往送葬於死者而致死之意謂之無復有知是不仁之事也而不可為也○之死而致生之者謂以物往送葬者而雖死猶致生之意是不知之事而不可為也○注之往至知也○正義曰謂生者以物往送死者故何胤云言往死者處而致此死之○者之意謂死如草木無知如此用情則不仁不可行於世也往死者處而致此死者於全生之物則不知而不可行也捨此二塗不仁不知之間聖人之所難言付之不測之竟言無知與有知者即下云夏后氏用明器示民無知殷人用祭器示民有知也○是故竹不成用者聖人為教使人子不死於亡者不便謂無知不生於死者不便謂有知故制明

器以神明求之不死不生不可測也成善也故爲器用並不精善也竹不善用謂竹器邊無縢緣也何胤云若全無知則不應用若全有知則亦不應不成故有器不成是不死不生也○瓦不成味者味猶黑光也今世亦呼黑爲沬也瓦不善沬謂瓦器無光澤也○木不成斲者斲雕飾也木不善斲鄭注云味當作沬沬靧也靧謂靧面證沬爲光澤也琴瑟張而不平者亦張弦而不調平也○竽笙備而不和者亦備而無宮商之調和也有鐘磬而無簨虡者簨虡縣鐘磬格也亦有鐘磬而不用格縣掛之鄭云不縣之也者案典庸器云大喪廞筍虡明知有而不縣之也云橫曰簨植曰虡者虡距也以用力故曰虡也○注言神至所知○正義曰神明微妙無方不可測度故云非人所知也○有子問於曾子曰問喪於夫子乎有子孔子弟子有若也夫子卒後問此庶有異聞也喪謂仕失位也魯昭公孫於齊曰喪人其何稱○問喪問或作聞喪息浪反注及下皆同孫音遜曰聞之矣喪欲速貧死欲速朽有子曰是非君子之言也貧朽非人所欲○朽許久反曾子曰參也聞諸夫子也有

子又曰是非君子之言也曾子曰參也與子游聞之有子曰然然則夫子有爲言之也曾子以斯言告於子游子游曰甚哉有子之言似夫子也昔者夫子居於宋見桓司馬自爲石椁三年而不成桓司馬宋向戌之孫名魋○有爲于僞反下爲桓司馬爲敬叔則爲之注爲民作爲嫁母皆同向式上反戌音恤魋大回反夫子曰若是其靡也死不如速朽之愈也死之欲速朽爲桓司馬言之也靡侈○侈昌氏反又申氏反南宮敬叔反必載寶而朝敬叔魯孟僖子之子仲孫閱蓋嘗失位去魯得反載其寶來朝於君○朝直遥反注同僖許宜反閱音悦夫子曰若是其貨也喪不如速貧之愈也喪之欲

速貧爲敬叔言之○也曾子以子游之言告於有子有子曰然吾固曰非夫子之言也曾子曰子何以知之有子曰夫子制於中都四寸之棺五寸之椁以斯知不欲速朽也中都魯邑名也孔子嘗爲之宰爲民作制孔子由中都宰爲司空由司空爲司寇昔者夫子失魯司寇將之荆將應聘於楚○應應對之應蓋先之以子夏又申之以冉有以斯知不欲速貧也言汲汲於仕得祿○彶音急

〔疏〕有子至貧也○正義曰此一節論喪不欲速貧死不欲速朽之事各隨文解之○有子問於曾子者此孔子卒後弟子相問冀有所異聞也問喪謂問失本位居他國禮也有子問於曾子云汝曾聞失位在他國之禮於孔子否乎○注有子至何稱正義曰案仲尼弟子傳有若少孔子四十三歲彼注云魯人也曾參南武城人字子輿少孔子四十六歲云魯昭公孫於

齊曰喪人其何稱者引公羊證失位者稱喪也昭公孫于齊次于楊州齊侯唁公于野井昭公曰喪人其何稱○有子至言也○以曾子云喪欲速貧死欲速朽有子云如是之語非君子之言也夫子既是君子必不爲此言時有子唯問喪不問死曾子以喪死二事報有子者以喪死俱爲惡事貧朽又事類相似既言喪欲速貧遂言死欲速朽案此速貧在前速朽在後而下子游之對先云死欲速朽後言喪欲速貧隨孔子所見言之先後也且孔子爲中都宰之時制其棺椁不用速朽其事在前夫子失魯司寇使子夏冉有先適楚不欲速貧其事在後故子游先言速朽後言速貧亦隨夫子之事前前後○注桓司至名魋○正義曰案世本向戌生東鄰叔子超超生左師眇眇即向巢也魋是巢之弟故云向戌孫也○注孔子至司寇○正義曰孔子世家定公九年孔子年五十定公以孔子爲中都宰一年四方皆則之由中都宰爲司空由司空爲司寇定公十年會于夾谷攝相事此云司寇者崔靈恩云諸侯三卿司徒兼冢宰司馬兼宗伯司空兼司寇三卿之下則五小卿爲五大夫故周禮太宰職云諸侯立三卿五大夫也五五大夫者司徒之下立二人小宰小司徒司馬之下以其事省立一人爲小司馬兼宗伯之事司空之下立二人小司寇小司空今夫子爲司空者爲小司空也從小司空

為小司寇也崔所以知然者魯有孟叔季三卿為政又有臧氏為司寇故知孔子為小司寇崔解可依○昔夫至之荊○案世家定十四年齊人歸女樂孔子去魯適衛從衛之陳過匡邑匡人圍之又復去過蒲又反於衛又去衛過曹適宋時定公卒宋桓魋欲殺孔子伐夫子所過之樹削夫子所過之跡去宋適鄭去鄭適陳居三歲又適衛既不見用將西見趙簡子至河而聞殺竇鳴犢與舜華也又反於衛復行如陳時哀公三年孔子年六十明年孔子自陳遷于蔡三歲孔子在陳蔡之間楚使人聘孔子陳蔡乃圍孔子絕糧乏食七日於是使子貢至楚楚昭王興師迎孔子將書社七百里封孔子楚令尹子西諫而止之是歲楚昭王卒孔子自楚反于衛孔子年六十三是魯哀公六年以此言之失司寇在定十四年之楚在哀公六年其間年月甚遠且失司寇之後嚮宋不嚮楚而云失魯司寇將之荊者謂失魯司寇之後將往之荊則哀公六年之荊亦是失司寇之後非謂失司寇之年即之荊也

魯人欲勿哭○陳莊子死赴於魯君無哭鄰國大夫之禮陳莊子齊大夫陳恆之孫名伯繆公召縣子而問焉縣子曰古之大夫束脩之問不出

竟雖欲哭之安得而哭之以其不外交。繆音木竟音境今之大夫交政於中國雖欲勿哭焉得而弗哭言時君弱臣强政在大夫專盟會以交接。焉於虔反且臣聞之哭有二道有愛而哭之有畏而哭之以權微勸之公曰然然則如之何而可縣子曰請哭諸異姓之廟明不當哭於是與哭諸縣氏疏陳莊至縣氏。正義曰此一節論哭鄰國臣之法。注陳莊至名伯。正義曰案世本成子常生襄子班班生莊子伯鄭依世本知也。仲憲言於曾子曰夏后氏用明器示民無知也所謂致死之仲憲孔子弟子原憲殷人用祭器示民有知也所謂致生之周人兼用之示民疑也言使民疑於無知與有知曾子曰其不然乎其不然乎

非其說之非也夫明器鬼器也祭器人器也夫古之人胡爲而死其親乎言仲憲之言三者皆非此或用鬼器或用人器【疏】仲憲至親

乎○正義曰此一節論不可致意於死人爲死爲生之事各隨文解之○注仲憲孔子弟子原憲○正義曰案仲尼弟子傳云原憲字子思彼注云魯人也其時與曾子評論三代送終器具之義也○曰夏后至親乎○此以下是原憲所說並非也其言夏后氏所以別作明器送亡人者言亡人無知故以不堪用之器送之表示其無知也○殷人用祭器示民有知也者憲又言殷家不別作明器而即用祭祀之器送亡人者祭器堪爲人用以言亡者有知與人同故以有用之器送之表示其有知也○周人兼用之示民疑也者憲又言周世并用夏殷二代之器送亡者不知定無知如夏爲當定有知如殷周人爲之致惑不可定者故并用送之是示於民疑惑不定也○曾子曰其不然乎其不然乎者曾子聞憲所說不是故重稱不然深鄙之也○夫明器鬼器也祭器人器也者曾子鄙憲言畢而自更說其義也言二代用此器送亡者非是爲有知與無知也正是質文異耳夏代文言鬼與人異故純用鬼器送之非言爲無知也殷世質言雖復鬼與人有異

亦應恭敬是同故用恭敬之器仍貯食送之非言爲有知也説二代既了則周兼用之非爲疑可知故不重説尋周家極文言亡者亦宜鬼事亦宜敬事故并用鬼敬二器非爲示民言疑惑也然周唯大夫以上兼用耳士唯用鬼器不用人器崔靈恩云此王者質文相變耳○夫古之人胡爲而死其親乎者曾子説義既竟又更鄙於仲憲所言也古謂夏時也言古人雖質何容死其親乎若是無知則是死之義也然憲子言三事皆非而曾子此獨譏無知者以夏后氏尤古故也譏一則餘從可知也

○公叔木有同母異父之昆弟死問於子游木當爲朱春秋作戍衞公叔文子之子定公十四年奔魯○木音式樹反又音朱徐之樹反子游曰其大功乎疑所服也親者屬大功是狄儀有同母異父之昆弟死問於子夏子夏曰我未之前聞也魯人則爲之齊衰狄儀行齊衰今之齊衰狄儀之問也

疏公叔木有同母異父之昆弟死問於子游至狄儀之問也○正義曰此一

節論爲同母異父昆弟死著服得失之事各依文解之○注木當爲朱至十四年奔魯○正義曰案世本衛獻公生成子當當生文子拔拔生朱故知木當爲朱也言春秋作戌者定十四年衛公叔戌來奔是也○注疑所服也親者屬大功是正義曰同母異父昆弟之服喪服無文故子游疑之其大功乎乎是疑辭也云親者屬大功是者鄭意以爲同母兄弟母之親屬服大功是也所以是者以同父同母則服期今但同母而以母是我親生其兄弟是親者血屬故降一等而服大功案聖證論王肅難鄭禮稱親者血屬謂出母之身不謂出母之子服也若出母之子服大功則出母之父母服應更重何以爲出母之父母無服王肅云同母異父兄弟服大功者謂繼父服齊衰其子降一等故服大功馬昭難王肅云異父昆弟恩繼於母不繼於父肅以爲從繼父而服非也張融以爲繼父同居有子正服齊衰三月乃爲其子大功非服之差互說是也○今之齊衰狄儀之問也○不云自狄儀始者○庾蔚云狄儀之前魯人先已行之故不云自狄儀始也

子思之母死於衛子思孔子孫伯魚之子伯魚卒其妻嫁於衛柳若謂子思曰子聖人之後也四方於子乎觀禮子

蓋慎諸柳若衛人也見子思欲爲嫁母服恐其失禮戒之嫁母齊衰期子思曰吾何慎哉吾聞之有其禮無其財君子弗行也謂時可行而財不足以備禮有其禮有其財無其時君子弗行也謂財足以備禮而時不得行者吾何慎哉時所止則止時所行則行無所疑也喪之禮如子贈襚之屬不踰主人○襚音遂

疏 子思至慎哉○正義曰此一節論爲出嫁母之喪行禮之事○注子思孔子孫伯魚之子○正義曰孔子世家文鄭言之者以下云子聖人之後故具言之○注柳若至衰期○正義曰云嫁母齊衰期者嫁母之服喪服無文案喪服杖期章云父卒繼母嫁從爲之服報則親母可知故鄭約云齊衰期也又鄭止言齊衰期不言嫡庶故譙周袁準並云父卒母嫁非父所絕嫡子雖主祭猶宜服期而喪服爲出母期嫁母與出母俱是絕族故知與出母同也張逸問舊儒世本皆以孔子後數世皆一子禮適子爲父後爲嫁母無服檀弓說子思從於嫁母服何鄭荅云子思哭嫂爲位必非適子或者兄若早死無繼故云數世皆一子○注謂財至行者○正義曰謂若嫁母之家主

人貧乏之斂手足形還葬。已雖有財不得過於主人，故下注喪之禮如子贈襚之屬不踰主人是也。○縣子瑣曰：吾聞之，古者不降，上下各以其親。古謂殷時也。上不降遠，下不降卑。○瑣，息果反，依字作瓆。滕伯文爲孟虎齊衰，其叔父也；爲孟皮齊衰，其叔父也。伯文，殷時滕君也。爵爲伯，名文。○滕，徒登反。爲，于僞反，下及下注爲人同。【疏】縣子至父也○正義曰：此一節論古者著服上不降遠、下不降卑之事，各依文解之。○瑣，縣子名。據所聞而言也。古者不降，所聞之事也。古者，殷時也。周禮以貴降賤，以適降庶，唯不降正耳。而殷世以上，雖貴不降賤也。上下各以其親，不降之事也。上謂旁親族曾祖、從祖及伯叔之班，族下謂從子、從孫之流，彼雖賤，不以己尊降之，猶各隨本屬之親輕重而服之，故云上下各以其親。庾蔚云：上下猶尊卑也。正尊，周禮猶不降，則知所明者旁尊也。鄭恐尊名亂於正尊，故變文言遠也。○滕伯至父也○謂滕國之伯名文，爲叔父孟虎著齊衰之服，其虎是滕伯文叔父也；爲孟皮齊衰，其叔父也，謂滕伯爲兄弟之子孟皮著齊衰之服，其滕伯是皮之叔父也。言滕伯上爲叔父，下爲兄弟之子皆著齊衰是上不降遠下不降卑也○后木曰喪吾聞諸縣子曰夫喪不可不深長思也后木魯孝公子惠伯鞏之後○鞏恭勇反買棺外內易我死則亦然此孝子之事非所託○易以豉反○【疏】后木至亦然○正義曰此一節論屬子以死事非禮之事各依文解之○后木云孝子居喪之禮吾聞之於縣子云夫居喪不可不深思長慮也孝子既深思長慮故買棺之時當令精好斲削外內使之平易后木既述縣子之言以語其子又云在後我身若死則亦當然然猶如是我死亦當如是縣子之言買棺外內易也○注后木至之後○正義曰案世本孝公生惠伯革其後為厚氏世本云革此云鞏世本云厚此云后其字異耳則惠伯之子孫無名木者故鄭直云其後○注此孝至所託○正義曰言買棺外內滑易者此是孝子所為之事非是父母豫所屬託譏后木也○曾子曰尸未設飾故帷堂小斂而徹帷仲梁子曰夫婦方亂故帷堂小斂而徹帷斂者動搖尸帷堂為人褻之言方亂非也仲梁子魯

人也○帷意悲反〇小斂之奠子游曰於東方曾子曰於西方斂斯席矣曾子以俗說非又大斂奠於堂乃有席小斂之奠在西方魯禮之末失也末世失禮之爲〔疏〕曾子至失也○正義曰此一節論小斂失禮之事各依文解之○注言方至人也○正義曰知方亂非者以小斂之後豈無夫婦方亂之事何故徹帷乃云方亂明爲動搖尸柩故帷堂案春秋定五年魯有仲梁懷是仲梁魯人之姓故知仲梁子魯人也○曾子至西方○依禮小斂之奠設於東方奠又無席魯之衰末奠於西方而又有席曾子見時如是謂將爲禮故云小斂於西方斯此也其斂之時於此席上而設奠矣曾子之言失禮故記者正之云小斂奠所以在西方是魯人行禮末世失其法也○注曾子至有席○正義曰知曾子所言非者案士喪禮小斂之奠設於尸東今曾子言西方故爲非也云大斂奠於堂乃有席者案士喪禮大斂之奠設於室今云堂者後人轉寫之誤當云奠於室故鄭荅趙商堂當爲室也〇縣子曰綌衰繐裳非古也非時尚輕涼慢禮○綌去逆反麤葛也下七回反繐音歲布細而疏曰繐涼

音良疏縣子至古也○正義曰此以下論縣子非當時人尚輕涼慢禮之事綌葛也繐布疏者漢時南陽鄧縣能作之當。記時失禮多尚輕細故有喪者不服麤衰但疏葛爲衰繐布爲裳故云非古也古謂周初制禮時也

○子蒲卒哭者呼滅滅蓋子蒲名子皋曰若是野哉非之也唯復呼名子皋孔子弟子高柴○皋音高哭者改之

疏子蒲至改之○正義曰此一節論哭者呼名非禮之事滅子蒲名子蒲卒哭者呼其名故子皋曰若是野哉野不達禮也唯復呼名冀其聞名而反哭則敬鬼神不復呼其名而此家哭獨呼滅子皋深譏之故云野哉也非之乃改也

○杜橋之母之喪宮中無相以爲沽也沽猶略也○相息亮反沽音古

疏杜橋至沽也○正義曰此一節論喪須立相導之事沽麤略也禮孝子喪親悲迷不復自知禮節事儀皆須人相導而杜橋家母死宮中不立相侍故時人謂其於禮爲麤略

○夫子曰始死羔裘玄冠者易之而已羔裘玄冠夫子不以弔不以吉服弔喪○易音亦徐以豉反

【疏】夫子至以弔○正義曰此一節論始死易服小斂後不得吉服弔之事但養疾者朝服羔裘玄冠即朝服也始死則易去朝服著深衣故云易之而已記時有不易者又有小斂後羔裘弔者記人引論語鄉黨孔子身自行事之禮以譏當時之事故曰羔裘玄冠夫子不以弔時多失禮唯孔子獨能行之故言之也○

子游問喪具夫子曰稱家之有亡子游曰有無惡乎齊

惡乎齊問豐省之比○稱尺證反有亡皇如字無也一音無下同惡音烏注同齊才細反又如字注同省所領反比必利反

夫子曰有毋過禮苟亡矣斂首足形

形體○毋音無

還葬

還之言便也言已斂即葬不待三月○還音旋斂力驗反

縣棺而封

不設碑繂不備禮封當爲窆窆下棺也春秋傳作塴○縣音玄封依注作窆彼驗反徐又甫鄧反碑彼皮反繂音律塴比鄧反

人豈有非之者哉

不責於人所不能

【疏】子游至者哉○正義曰此一節論問送終所須當稱且也夫子曰稱家之有亡稱猶隨也亡無也言各隨其家計豐薄有無也子游曰有無惡乎齊惡乎猶於何也子游

言若必隨家之有無貧富於何可齊故子游疑而問之○夫子曰有毋過禮此荅是稱富家也毋猶不也禮有節限設若家富有正禮可依而不得過禮○苟亡矣斂首足形此荅貧家也亡無也家無財也但使衣衾斂於首足形體不令露見而已還葬還便也禮雖衆多葬日有數若貧者斂竟便葬不須停殯待其月數足也還之言便也言已斂即葬不待三月也○縣棺而封封即窆窆下棺内壙中也貴者則用碑繂若貧而即葬者但手縣棺而下之同於庶人不待碑繂不設碑繂不設碑繂不備禮○注封當至作堋○正義曰春秋傳作堋者案左傳昭十二年鄭簡公卒將爲葬除司墓之室有當道者毁之則朝而堋弗毁則日中而堋杜注云司墓之室鄭之掌公墓大夫徒屬之家堋下棺也

○司士賁告於子游曰請襲於牀時失之也禮唯始死廢牀○賁音奔人名子游曰諾縣子聞之曰汏。哉叔氏專以禮許人當言禮然言諾非也叔氏子游字○汏本又作大音泰自矜大

【疏】司士至許人○正義曰此一節論不可以禮許人之事案喪大記始死廢牀至遷尸及襲皆在於牀當時失禮襲在於地故司士賁告子游子游曰諾者子游知襲在牀

爲是故以許諾之縣子聞之曰汏哉叔氏專以禮許人汏自矜大也叔氏子游别字也○言凡有來諮禮事當據禮以荅之今子游不據前禮以荅之專輒許諾如似禮出於己是自矜大故縣子聞而譏之曰汏哉當言禮也言諾非禮也○

宋襄公葬其夫人醯醢百甕曾子曰既曰明器矣而又實之言名之爲明器而與祭器皆實之是亂鬼器與人器○醯呼兮反醢音海甕烏弄反

疏宋襄至實之○正義曰此一節論宋襄公失禮之事案春秋宋襄公卒在僖二十三年案文十六年傳云宋昭公將田孟諸未至襄夫人周襄王之姊使甸師攻而殺之則宋襄公夫人卒在襄公後其年極多此得云宋襄公葬其夫人者蓋襄公初取夫人死在襄公之時故得葬之其後取夫人是襄王之姊死在襄公之後義不相妨○曾子曰既曰明器而又實之者曾子不譏器之多但譏其實爲非也言既曰神明之器當虛也故譏云而又實之也言名之爲明器而與祭器皆實之是亂鬼器與人器也案既夕禮陳明器後云無祭器鄭云士禮略也大夫以上兼用鬼器與人器若此大夫諸侯並得人鬼兼用則空鬼而實人故鄭云與祭器皆實之是亂鬼器與人器也士既無人器則亦實明器故既夕

禮云甕三醯醢屑又云甒二醴酒也若夏后氏專用明器則分半以實之殷人全用祭器則亦分半以虛之周人兼用明器人器人器實之明器虛之○。孟獻子之喪獻子魯大夫仲孫蔑司徒旅歸四。布旅下士也司徒使下士歸四方之賻。布夫子曰可也時人皆貪善其能廉○讀賵曾子曰非古也是再告也曾子言非禮而讀賵賓致命將行主人之吏。又讀賵所以存錄之【疏】孟獻至可也○正義曰此一節論喪不貪利之事孟獻子之喪送終既具賻布有餘其家臣司徒敬子稟承主人之意使旅下士歸還四方賻主人之泉布也謂四方賻者泉布本助喪用今既有餘故歸還之也時人皆貪獻子之家獨能如此故夫子曰可也善其能廉皇氏以爲獻子有餘布歸之於君君令國之司徒歸賻於四方案春秋魯上卿季氏也仲孫蔑之卒季氏無謚曰敬子者皇氏之言非也熊氏以爲獻子家臣爲司徒故左傳叔孫氏之司馬鬷戾是家臣亦有司徒司馬也○成子高寢疾成子高齊大夫國成伯高父也慶遺入請曰子之病革矣如至乎大病則如之何觀其意革急也○遺慶封之族○遺于季反又如字革紀力反子高曰吾聞之也生有益於人死不害於人吾縱生無益於人吾可以死害於人乎哉我死則擇不食之地而葬我焉不食謂不墾耕○墾苦很反【疏】成子至我焉○正義曰此一節論臨死不忘儉之事○注成子至父也○正義曰知者以其有慶遺人請齊有慶氏故知是齊大夫齊有國子高故知姓國又見齊世本懿伯生貞孟貞孟生成伯高父國氏以此知也○子夏問諸夫子曰居君之母與妻之喪居處言語飲食衎爾衎爾自得貌爲小君惻隱不能至○衎苦旦反注同爲于僞反下爲之服爲其久爲君服同○賓客至無所館夫子曰生於我乎館死於我乎殯仁者不厄人【疏】子夏至衎爾○正義曰此一節論臣服小君儀容之事上子夏問居君之母與妻之喪此居處言語是夫子荅辭不云子曰者

記人略也○國子高曰葬也者藏也藏也者欲人之弗得見也是故衣足以飾身棺周於衣椁周於棺土周於椁言皆所以爲深邃難人發見之也國子高成子高也成謚也○邃先遂反難乃旦反見如字又賢遍反反壤樹之哉反覆也怪不如大古也而反封樹之意在於儉非周禮○壤而丈反復扶又反舊音服非大音泰【疏】國子至之哉○正義曰此一節論重古非今之事子高之意人死可惡故備以衣衾棺椁欲其深邃不使人知今乃反更封壤爲墳而種樹以標之哉言不可封壤種樹也國子意在於儉非周禮之法○注怪不至周禮○正義曰唐虞以上謂之大古易繫辭云古之葬者厚衣之以薪不封不樹今既封樹故云怪不如大古也○孔子之喪有自燕來觀者舍於子夏氏子夏曰聖人之葬人與人之葬聖人也子何觀焉與及也○燕烏田反昔者夫子言之曰吾見封之若堂者

矣封築土爲壟堂形四方而高○壟力勇反見若坊者矣坊形旁殺平上而長○坊音防
殺色戒反下同見若覆夏屋者矣覆謂茨瓦也夏屋今之門廡也其形旁廣而卑○茨
徐在私反茅覆屋廡音武卑如字又音婢見若斧者矣斧形旁殺刃上而長從若斧
者焉孔子以爲刃上難登狹又易爲功○狹戶甲反易以豉反馬鬣封之謂也
俗間名○鬣力輒反今一日而三斬板而已封板蓋廣二尺長六尺斬板
謂斷其縮也三斷止之旁殺蓋高四尺其廣袤未聞也詩云縮板以載○斷音短下同上時掌反下以上同廣袤古曠反
下音茂徐又亡侯反尚行夫子之志乎哉尚庶幾也【疏】孔子至乎哉○正義
曰此一節論葬夫子封墳之法○燕國人聞葬聖人恐有異
禮故從燕來魯觀之舍於子夏氏舍住也燕人來住子夏家
也子夏曰聖人之葬人與人之葬聖人也子何觀焉與及也
子夏謂燕人云若聖人葬人及人葬聖人皆用一禮而子遠
來何所觀乎王肅云聖人葬人與屬上句以言若聖人葬人
與則人庶有異聞得來觀者若人之葬聖人與凡人何異而

子何觀之然公西赤爲志徧用三王禮○子夏謂葬聖人與凡人不異者今謂聖凡相葬禮儀不殊而孔子葬異此是賢葬聖師别自表義不施世爲法而子夏恐燕人學敎此禮故懸而拒之云其禮本應如一也而下又述昔聞夫子見四封之異者此處可共是許燕人學之故備陳其敎以赴遠觀之意○昔者夫子言之曰吾見封之若堂者矣旣已語燕人無觀又此歷述孔子之言者欲以此語與燕人爲法封謂墳之也若如堂基四方而高○見若坊者矣坊提也堤坊水上平而兩旁殺其南北長也言又見有築墳形如坊者也見若覆夏屋者矣殷人以來始屋四阿夏家之屋唯兩下而已無四阿如漢之門廡又言見其封墳如覆夏屋唯兩下而殺卑而寬廣又見封如斧之形其刃嚮上長而高也旣言四墳之異夫子之意從若斧者爲以爲刃上難登狹又易爲功力子夏旣道從若斧形恐燕人不識故舉俗稱馬鬣封之謂也以語燕人馬鬉鬣之上其肉薄封形似之○今一日而三斬板子夏前述明夫子語又引今會古竟更述其今葬孔子旣是從斧之墳今一日者謂今作孔子墳正○用一日之功儉約不假多時於一日之中而三斬板者謂作墳法也築墳之法所安板側於兩邊而用繩約板令立後復內土於板之上中央築之令土與板平則斬所約板繩斷而更置於見築土上又載土

其中三徧如此其墳乃成故云今一日而三斬板也而已封者爲三徧設板築土而止已其封也故鄭注板蓋廣二尺長六尺板廣二尺疊側三板應高六尺而云四尺者但形旁表漸斂上狹下舒如斧刃之形使三板取高四尺以合周制也〇尚行夫子之志乎哉者尚庶幾也言今一日三斬板是庶幾慕行於孔子平生所志也以示燕人〇注板蓋至以載〇正義曰知板蓋廣二尺案祭義曰築宮仞有三尺是牆高一丈公羊傳云五板爲堵則板廣二尺故五板高一丈也知板長六尺者以春秋左氏說雉長三丈高一丈公羊傳云五板爲堵五堵爲雉按五堵而爲雉則堵長六尺故詩箋云雉長三丈則板六尺知蓋高四尺者以上合葬於防崇四尺今葬夫子不可過之又板廣二尺三板斜殺唯高四尺耳其東西之廣南北之袤則未聞也引詩縮板以載是大雅緜之篇也引之者證縮爲約板之繩孫毓難云孔子墓魯城北門外西墳四方前高後下形似卧斧高八九尺今無馬鬣封之形不止于三板記似誤者孫毓云據當時所見其墳或後人增益不與元葬墳同無足怪也

〇**婦人不葛帶** 婦人質不變重者至期除之卒哭變經而已

〔疏〕婦人不葛帶〇正義曰此論齊斬婦人帶要經也葬後卒哭變麻易葛而婦人重要而質不變所重故不葛帶至期除之

卒哭直變絰而已大功以下輕至卒哭並變爲○**有薦新**葛與男子同絰首絰也婦人輕首重要故也

如朔奠重新物爲之殷奠〈疏〉有薦新如朔奠○正義曰薦新謂未葬中間得新味而薦亡者如朔奠者謂未葬前月朔大奠於殯宮者大奠則牲饌豐也朔禮視大斂士則特豚三鼎今若有新物及五穀始熟薦於亡者則其禮牲物如朔之奠也大夫以上則朔望大奠若士但朔而不望○**既葬各以其服除**卒哭當變衰麻者變之或有除者不視主人〈疏〉既葬至服除○正義曰既葬謂三月葬竟後至卒哭重親各隨所受而變服若三月之親至三月數滿應除者葬竟各自除不待主人卒哭之變故云各以其服除也○**池視**

重霤如堂之有承霤也承霤以木爲之用行水亦宮之飾也柳宮象也以竹爲池衣以青布縣銅魚焉今宮中有承霤云以銅爲之○重直容反衣于既反〈疏〉池視重霤○正義曰池者柳車之池也重霤者屋承霤也以木爲之承於屋霤入此木中又從木中而霤於地故謂此木爲重霤也天子則四注四面爲重霤諸侯四注重霤則差降去後餘三大夫唯餘前後二士則唯一在前而生時既屋有重霤以行水死時柳車亦象宮室而在車覆鼈甲之下牆帷之

上纖竹爲之形如籠衣以青布以承鼈甲名之爲澀以象重霤方面之數各視生時重霤○**君即位而爲椑**椑謂杝棺親尸者椑堅著之言也言天子椑内又有水兕革棺○椑蒲厤反徐房益反櫬尸棺杝音移著直略反兕徐里反**歲壹漆之**若未成然○漆音七**藏焉**虛之不合○令力政反本又作合

〔疏〕君即至藏焉○正義曰此一節論人君尊即位得爲棺之事君諸侯也言諸侯則王可知也椑杝棺也漆之堅强甓甓然也人君無論少長而體尊備物故亦即位而造爲此棺也椑謂杝棺親尸者也古者天子椑内有水兕而諸侯無但用杝在内以親尸也○歲一漆之者雖爲尊得造交未供用故不欲即成但每年一漆示如未成也唯云漆杝則知不漆杝棺外屬等藏焉者棺中不欲空虛如急有待也虛之不令也令善也言若虛空便爲不善故藏物於其中一本爲虛之不合者謂不以蓋合覆其上既不合覆不欲令人見故藏焉

○**復楔齒綴足飯設飾帷堂並作**設飾謂遷尸又加新衣○楔悉節反綴丁劣反又音丁衛反飯煩晚反唅也**父兄命赴者**謂大夫以上也士主人親命之

〔疏〕復楔至赴者○正義曰此一節論始死之

事復招魂也楔柱也招魂之後用角柶柱亡人之齒令開使含時不閉也○綴足者復用燕几綴亡人之足令直使著屨時不辟戾也○飯者飯食也設飾者謂襲斂遷尸之時及又加著新衣也○帷堂者謂小斂時○並作者作起爲也自復以下諸事並起以帷堂故云並作○父兄命赴者亦復後之事赴謂死者生時於他人有恩識者今死則其家宜使人往相赴告也士喪禮則孝子自命赴者若大夫以上則父兄命之也何以然尊許其病深故使人代命之也雖代命之猶稱孝子名也○**君復於小寢大寢小祖大祖庫門四郊**尊者求之備也亦他日所嘗有事○**疏**君復至四郊○正義曰此一節論人君禮備復處又多自小寢以下明招魂處所所也君王侯也於小寢者前曰廟後曰寢爾雅云室有東西廂曰廟無東西廂有室曰寢此小寢者所謂高祖以下寢也王侯同大寢謂天子始祖諸侯大祖也小祖高祖以下廟也王侯同大祖天子始祖諸侯大祖廟也兩言於廟求神備也周禮夏采以冕服復於大祖廟是也其小廟則祭僕復之其小寢大寢則隸僕復之故祭僕云復于小廟鄭注云小廟高祖以下也隸僕云復于小寢大寢注云小寢高祖以下廟之寢也始祖曰大寢四郊則夏采復之故夏采云乘車建

綏復於四郊此天子之事也其諸侯復則小臣故喪大記云小臣復案周禮內小臣職小臣上士四人案雜記云復西上注各如其命數上公九命侯伯七命則小臣不足明更有餘官又復人雖依命數復處既多則復人不足當於此復了更轉嚮他處○

喪不剝奠也與祭肉也與剝猶倮也有牲肉則巾之爲其久設塵埃加也脯醢之奠不巾○剝邦角反與音餘下同倮力果反謂不巾覆也埃音哀

〔疏〕喪不至也與○正義曰此一節論祭肉不可露見之事剝猶倮倮露也言喪奠脯醢不復設巾可得倮露與是語辭謂喪不倮露奠者爲有祭肉也無祭肉即得倮露○注有牲至不巾○正義曰案士喪禮小斂陳一鼎小斂既奠于尸東祝受巾巾之是有牲肉則巾之也士喪禮又云始死脯醢醴酒奠于尸東無巾又殯後朝夕乃奠醴酒脯醢如初設不巾是脯醢醴酒不巾也案既夕禮柩朝廟重先奠從奠設如初巾之此亦脯醢之奠巾之者爲其在堂恐埃塵故雖脯醢亦巾之此文脯醢之奠不巾者據室內也

既殯旬而布材與明器木工宜乾腊且豫成材材椁材也○腊音昔

〔疏〕既殯至明器○正義曰此一節論葬禮須豫備之事○既殯旬謂殯後十日也○而布材與明器者布班也材

謂椁材也殯後十日而班布告下覓椁材及送葬明器之材或云布其木宜乾腊故豫須暴之也士喪禮筮宅吉左還椁獻明器之材于殯門外是也 **朝奠日出夕奠逮日** 陰陽交接庶幾遇之○逮音代或大計反 **父母之喪哭無時使必知其反也** 謂既練或時爲君服金革之事反必有祭

〔疏〕父母至反也○正義曰禮哭無時有三種一是初喪未殯之前哭不絕聲二是殯後除朝夕之外廬中思憶則哭三是小祥之後哀至而哭或一日二日而無復朝夕之時也此云哭無時謂小祥之後也何以知然下云使必知其反是其可使之時也○使必知其反也者使謂君使之也既小祥無哭時其時可爲君所使服金革之事也反還也若爲使還家當必設祭告親之神令知其反亦出必告反必面之義也○注謂既練或時爲君服金革之事反必有祭者禮運云三年之喪期不使公羊傳亦期不使是知期内不使則期外可使也而曾子問云卒哭服金革之事無辟此魯侯有爲爲之也喪大記云卒哭而服金革之事鄭云權禮也是知卒哭而使非正禮也

○**練練衣黃裏縓緣** 小祥練冠練中衣以黃爲内縓爲飾黃之色卑於纁縓纁之類明外除○縓七絹反

淺赤色今之紅也緣悅絹反下注同薰本又作纁許云反

葛要經繩屨無絇角瑱

瑱充耳也吉時以玉人君有瑱○要經一遥反下注小要同下大結反絇其俱反屨頭飾瑱吐練反

鹿裘衡長袪

衡當爲横字之誤也袪謂褎緣袂口也練而爲裘横廣之又長之又爲袪袪則先時狹短無袪可知吉時麛裘○衡依注作横華彭反下衡三同袪起魚反一音丘據反褎本又作袖音徐秀反袂面世反

袪裼之可也

裼表裘也有袪而裼之備飾也玉藻曰麛裘青豻褎絞衣以裼之鹿裘亦用絞乎○裼音昔麛音迷本又作麑同鹿子也豻音岸胡地野犬絞戸交反

疏 練練至可也○正義曰練小祥也小祥而著練冠練中衣故曰練也練衣者練爲中衣黄裏者黄爲中衣裏也正服不可變中衣非正服但承衰而已故小祥而爲之黄拾裏也縓緣者縓爲淺絳色也緣謂中衣領及褎緣也裏用黄而領緣用縓者領緣外也明其外除故飾見外也葛要經者亦小祥後事也小祥男子去葛經唯餘要葛也○繩屨者謂父母喪菅屨卒哭受齊衰蒯藨屨至小祥受大功繩麻屨也無絇○屨頭飾也吉有喪無角瑱者瑱充耳也人君平常吉用玉爲之以掩於耳在初喪亦無至小祥微飾以角爲之○鹿裘者亦小祥後也

爲冬時吉凶衣裏皆有裘吉時則貴賤有異喪時則同用大鹿皮爲之鹿色近白與喪相宜也○衡長袪者衡橫也袪褎緣口也小祥之前裘狹而短袂又無袪至小祥稍飾則更易作橫廣大者也又長之又設其袪也練而爲裘者爲猶作也前時已有裘但短小至小祥更作大長者橫廣之又長之爲袪更新造之又加此三法也○袪裼之可也者裼謂裘上又加衣也吉時裘上皆有裼衣喪已後既凶質雖有裘裘上未有裼衣至小祥裘既橫長又有袪爲吉轉文故加裼之可也案如此文明小祥時外有衰衰內有練中衣中衣內有裼衣裼衣內有鹿裘鹿裘內自有常著襦衣○注黃之至外除○正義曰纁是赤色也其色華美黃雖是正色質卑於纁爾雅釋器云二染謂之縓三染謂之纁故言纁類也華者在外故云明外除○注吉時以玉人君有瑱○正義曰案吉時君大夫士皆有瑱此唯云人君有瑱者以經云所瑱故鄭云吉時以玉據人君吉時又云人君有瑱故知人臣凶時無瑱○注玉藻至絞乎○正義曰引玉藻者以此經鹿裘直云裼之可不知裼用何衣大者曰鹿小者曰麛同類之物麛裘既用絞爲裼則鹿裘亦用絞乎乎者疑辭然麛裘用青豻爲褎則鹿裘之褎亦用青豻也○

有殯聞遠兄弟之喪雖緦必往親骨肉也

非兄弟雖鄰不往。疏無親也所識其兄弟不同居者皆弔就其家弔之成恩舊也〔疏〕有殯至皆弔○正義曰此一節論哭弔之事○所識其兄弟不同居者皆弔者此文連上有殯之下若其骨血兄弟雖緦必往若其非兄弟骨血疏外之人雖鄰不往今有既非兄弟又非疏外平生所共知識往來同恩好今若身死者兄弟雖不同居亦就往弔之成其死者之恩舊也其死者兄弟不同居尚往弔之則死者子孫就弔可知舉疏以見親也已有殯得弔之者以其死者與我有恩舊也皇氏以爲別更起文不連有殯之事所識者謂識其死者之兄弟是小功以下之親○既識兄弟雖不同居皆一一就弔之未知然否故兩存焉

天子之棺四重尚深邃也諸公三重諸侯再重大夫一重士不重○重直龍反注皆同邃雖遂反水兕革棺被之其厚三寸以水牛兕牛之革以爲棺被革各厚三寸合六寸也此爲一重○被皮寄反注同厚胡豆反度厚薄曰厚皆同此音杝棺一所謂椑棺也爾雅曰椴杝○杝羊支反本名椴徒亂反梓棺二所謂屬與大棺梓音子屬音燭○四者皆周周帀

也凡棺因能濕之物○帀本又
作匝同子荅反能濕乃代反
棺束縮二衡三衽每
束一
衡亦當爲橫衽今小要衽或作漆或作髹
○衽而審反又而鴆反髹又作髤許求反
柏椁以
端長六尺
以端題湊也其方蓋一尺○題
徒低反頭也湊七豆反聚也
〔疏〕
天子至
六尺○
正義曰此一節論天子諸侯以下棺椁厚薄長短之事○天
子之棺四重者尊者尚深邃也四重者水牛兕牛皮二物爲
一重也又杝爲第二重也又屬爲第三重也又大棺爲第四
重也四重凡五物也以次而差之上公三重則去水牛餘兕
杝屬大棺也侯伯子男再重又去兕餘杝屬大棺大夫一重
又去杝餘屬大棺也士不重又去屬唯單用大棺也天子大
棺厚八寸屬六寸椑四寸又二皮六寸合二尺四寸也上公
去水牛之三寸餘兕椑屬大棺則合二尺一寸諸侯又去兕
之三寸餘合一尺八寸也列國上卿又除椑四寸餘合一尺
四寸也大夫大棺六寸屬四寸合一尺士則不重但大棺六
寸耳故庶人四寸矣而天子卿大夫文不見有通者云天子
卿大夫並與列國君同若天子之士與諸侯大夫同也喪質
不得依吉時祭服也若吉時祭服則天子臣與諸侯同然春
秋時多僭趙簡子言罰乃不設屬椑非也水兕二皮並不能

厚三寸故合被之令各厚三寸也二皮能溼故最在裏近尸也○杝棺一者椵杝材亦能溼故次皮也杝唯一種故云一也諸侯無革則杝親尸也所謂梓棺也即前言君即位爲椑是也杝即椵木鄭引爾雅曰椵杝一物二名名椵又名杝也○梓棺二者杝棺之外又有屬棺屬棺之外又有大棺大棺與屬棺並用梓故云二也則喪大記云屬六寸大棺八寸也○四者皆周者四四重也周帀也謂四重之棺上下四方悉周帀也唯椁不周下有茵上有抗席故也○棺束者古棺木無釘故用皮束合之○縮二者縮縱也縱束者用二行也○衡三者横束者三行也○衽每束一者衽小要也其形兩頭廣中央小也既不用釘棺但先鑿棺邊及兩頭合際處作坎形則以小要連之令固棺並相對每束之處以一行之衽連之若豎束之處則豎著其衽以連棺蓋及底之木使與棺頭尾之材相固漢時呼衽爲小要也○柏椁者謂爲椁用柏也天子柏諸侯松大夫柏士雜木也鄭注方相職云天子椁柏黄腸爲裏而表以石焉○以端者端猶頭也積柏材作椁並茸材頭也故云以端○長六尺者天子椁材每段長六尺而方一尺天子以下庶人以上鄭注喪大記具之○注衽或作漆或作髹○正義曰經之衽字諸禮記本或有作漆字者或有作髹字者○注以端至一尺○正義曰以此木之端首題

湊嚮內知其方蓋一尺者以庶人四寸之棺五寸之椁椁厚於棺一寸案喪大記君大棺八寸君謂諸侯則天子之大棺或當九寸其椁厚一尺故云其方蓋一尺則椁之厚也如鄭此言椁材並皆從下壘至上始爲題湊湊嚮也言木之頭相嚮而作四阿也如此乃得椁之厚薄與棺相準皇氏以爲壘椁材從下即題湊鄭六尺與椁全不相應又鄭何云其方蓋一尺皇氏之義非也

○天子之哭諸侯也爵弁經紂衣服士之祭服以哭之明爲變也天子至尊不見尸柩不弔服麻不加於采此言經衍字也時人間有弁經因云之耳周禮王弔諸侯弁經緦衰也○紂本又作緇又作純同側其反爲于僞反下文及注爲其變皆同衍以善反

或曰使有司哭之非也哀戚之事不可虛爲之不以樂食蓋謂殯斂之間

疏天子至樂食○正義曰此一節論天子哭諸侯之事○注服士至衰也○正義曰天子至尊不見尸柩不弔服者薨在本國天子遥哭之不親見尸柩不服緦衰弔而服爵弁紂衣紂衣絲衣也則諸侯以下雖不見尸柩仍弔服也○或曰使有司哭之者或人云天子不自哭但令有司哭之耳非也○爲之不以樂食此是記者之言非復或人之說也天子食有樂今哭

諸侯故食不復奏樂也此不以樂食者蓋謂殯斂之間鄭以意斷不用樂之期也諸侯五日殯也然諸侯為其臣或至葬不食肉卒哭不舉樂蓋臣少而已畢不得同王也○天子之殯也菆塗龍輴以椁菆木以周龍輴加椁而塗之天子殯以輴車畫轅為龍○菆才官反輴勑倫反轅音袁加斧于椁上畢塗屋斧謂之黼白黑文也以刺繡於繆幕加椁以覆棺已乃屋其上盡塗之○黼音甫刺七亦反繆音消幕音莫天子之禮也〔疏〕天子至禮也○正義曰此一節論菆塗為古天子殯法也菆叢也謂用木蕞棺而四面塗之故云菆塗也○龍輴者殯時輴車載柩而畫轅為龍故云龍輴也○以椁者亦題湊菆木象椁之形故云以椁○加斧于椁上者斧謂繡覆棺之衣為斧文也先菆四面為椁使上與棺齊而上猶開也以棺衣從椁上入覆於棺故云加斧于椁上也○畢塗屋者畢盡也斧覆既竟又四注為屋覆上而下四面盡塗之也故云畢塗屋鄭云菆木以周龍輴者謂叢衆木直壘周龍輴至上乃題湊則諸侯至上不題湊也○唯天子之喪有別姓而哭使諸侯同姓異姓庶姓相從而為位別於朝覲來時朝覲爵同

同位○別彼列反注同朝直遥反下同〔疏〕唯天至而哭○正義曰此一節論哭天子之事各依文解之○注使諸至同位○正義曰異姓者鄭注周禮云王昏姻甥舅庶姓者謂與王無親者此言朝覲爵同同位則不分別同姓異姓然覲禮諸侯受舍於朝同姓西面異姓東面鄭注云分別同姓異姓受之將有先後也與此不同者覲禮先公而後侯先侯而後伯是亦爵同同位位就同姓之中先爵尊耳與此無別

○魯哀公誄孔丘曰天不遺耆老莫相予位焉嗚呼哀哉尼父誄其行以爲謚也莫無也相佐也言孔子死無佐助我處位者尼父因其字以爲之謚○誄力軌反耆巨支反相息亮反注同父音甫行下孟反〔疏〕魯哀至尼父○正義曰此一節論哀公誄孔子之事孔子以哀公十六年夏四月己丑日卒哀公欲爲作謚作謚宜先列其生時行狀謂之爲誄○曰天不遺耆老莫相予位焉者作誄辭也遺置也耆老謂孔子也莫無也相佐也言上天不置孔子故無復佐助我處於位也○嗚呼哀哉傷痛之辭也○尼父尼則謚也父且字甫是丈夫之美稱稱字而呼之尼父也

○國亡大縣邑公卿大夫士皆

厭冠哭於大廟三日君不舉軍敗失地以喪歸也厭冠今喪冠其服未聞○大縣郡縣之縣厭于葉反注同大音泰或曰君舉而哭於后土后土社也〔疏〕國亡至后土○正義曰此一節論人君爲國致憂之事○國亡大縣邑者亡失也國之軍敗亡失土邑也○公卿大夫士皆厭冠哭於大廟三日者公孤也士喪禮云公卿大夫繼主人鄭云公大國之孤四命者是也厭冠喪冠也國既失地是諸侯無德所招故諸臣皆著喪冠而哭於君之大廟三日也失地爲先祖所哀故在廟也○君不舉者舉謂舉樂也臣八廟三日哭故君亦三日不舉樂也或曰君舉而哭於后土者后土社也又有或者言亦舉樂而自於社中哭之社主土故也然二處之哭鄭皆不非未知孰是庾蔚云舉者謂舉饌引周禮膳夫王日一舉又王齊日三舉注云殺牲盛饌曰舉案庾蔚及前通合而爲用也○孔子惡野哭者爲其變衆周禮銜枚氏掌禁野叫呼歎嗚於國中者行歌哭於國中之道者○惡烏路反銜枚上音咸下木杯反呼火故火胡二反〔疏〕孔子惡野哭者○正義曰哭非其地謂之野爲變衆故惡之也○未仕者不敢稅人如稅

人則以父兄之命不專家財也稅謂遺于人○稅始銳反謂以物遺人也遺維季反〔疏〕未仕至之命○正義曰此論人子之法也稅人謂以物遺人也未仕未尊則亦不敢專家財餉人也如稅人謂已仕者也雖得遺人亦當必稱父兄以將遺之○士備入而后朝夕踊備猶盡也國君之喪嫌主人哭入則踊〔疏〕士備至夕踊○正義曰此一節論君喪羣臣朝夕哭踊之事備盡也國君喪羣臣則朝夕即位哭踊嗣君孝子雖先入即位哭必待諸臣皆入列位畢後乃俱踊者也士卑最後故舉士入爲畢也所以有前後而相待踊者孝子哀深故前入也踊須相視爲節故俟齊也○祥而縞縞冠素紕也○縞古老反注同紕避支反是月禫徙月樂言禫明月可以用樂○禫大感反樂音岳〔疏〕祥而至月樂○正義曰祥大祥也縞謂縞冠大祥日著之故小記除成喪者其祭。朝服縞冠是也○是月禫徙月樂者鄭志曰既禫徙月而樂作禮之正也孔子五日彈琴自省樂哀未忘耳踰月可以歌皆自身踰月所爲也此非當月所受樂名既禫始得備樂而在心猶未忘能歡徙月之樂極歡也哀殺有漸是以樂亦隨之也○君於士有賜帟

帟幕之小者所以承塵帟之則張於殯上大夫以上幕人職供焉○帟音亦共音恭本亦作供〔疏〕君於士有賜帟

正義曰賜惠賜也帟者幕之小者也大夫以上喪則幕人職供之也士唯有君恩賜之乃得有帟也

附釋音禮記注疏卷第八

江西南昌府學栞

禮記注疏卷八挍勘記　阮元撰盧宣旬摘錄

檀弓上

子柳之母死節

請粥庶弟之母　閩監毛本同石經同岳本嘉靖本同衞氏集説同釋文出請鬻云本又作粥注同正義本作粥

子柳至貧者　惠棟挍宋本無此五字

而鄭注周禮云　閩監毛本同惠棟挍宋本無而字

案鄭此者　閩監毛本同惠棟挍宋本者作旨

足枝長八分　閩監毛本作足此本足誤兄盧文弨云足攱長八分下志有閒廣二分四字

文曰大泉直十五貨泉　閩監毛本同浦鏜云五十字誤倒

今世謂之笮錢是也 閩監毛本同惠棟挍宋本笮作筰

契刀無縷而錯刀用金縷之 閩監毛本縷作鏤

君子曰謀人之軍師節

利己亡衆 閩監毛本同岳本嘉靖本同衛氏集說亡作忘考文引古本同

弁人有其母死節

此誠哀也 閩監毛本同岳本嘉靖本同衛氏集說作謂誠哀

夫禮爲可傳也 閩監毛本同石經同岳本同嘉靖本同衛氏集說同考文引古本無也字正義本有

夫聖人禮制 閩監毛本同惠棟挍宋本禮制作制禮衛氏集說亦作聖人制禮

可以制禮 閩監毛本同惠棟挍宋本制禮作禮制衛氏集說亦作可以禮制也

叔孫武叔之母死節

舉者出戶出戶袒　石經同宋監本岳本嘉靖本同衛氏集說同閩監毛本上戶字作尸誤石經考文提要云上出戶謂舉尸者下出戶謂武叔斂者舉尸出戶而武叔猶冠隨以出戶急思括髮乃投其冠忽遽失節之甚宋大字本南宋巾箱本余仁仲本劉叔剛本俱作舉者出戶出戶袒

婼生戊子不敢　閩本同監毛本戊作戍

踊無筭　閩監毛本筭作算○按士喪禮正作算是正字

男女奉尸夷于堂　閩監毛本夷作侇衛氏集說同○按作侇與士喪禮合

將斬衰者雞斯將括髮者去笄　閩監毛本同許宗彥按本依鄭注括髮上增齊衰者素冠五字

扶君節

皆平生時贊正君服位者　閩監毛本同岳本嘉靖本同衛氏集說同浦鏜云生字衍從續

通解挍

從母之夫節

以同居生緦之親可　閩監毛本同岳本嘉靖本同考文引古本足利本緦下有麻字

此皆據緦麻正衰　閩監毛本同浦鏜從續通解作此皆據緦麻之正者

喪事節

縱讀如揔領之揔　宋監本閩本岳本嘉靖本同監本揔作摠毛本作總衛氏集說作緫釋文云依注作揔案九經字樣云揔說文作緫經典相承通用

吉事欲其折折爾　閩監毛本同石經同岳本嘉靖本同衛氏集說同釋文出折折考文云古本折折作提提案廣韻十二齊折字下引禮記亦作折折

安舒貌詩云好人提提　閩監毛本同岳本嘉靖本同考文引古本足利本安舒貌上有提提

爾三字衛氏集說安舒上有折折二字是衛氏增成非本書所有釋文於經出折折云大兮反注同則知注當作折折字引詩作好人折折後人以詩本提提易之遂致釋文注同二字懸而無薄正義標起止作提提又云初來之時提提然從詩本作也

謂大疾　閩監毛本同岳本嘉靖本同衛氏集說同惠棟按宋本大作太下大舒同釋文出謂大云音泰一音他佐反案大兼有他佐音則字不當作太也

吉事雖有行止往之時　閩監毛本同衛氏集說無行字續通解同○按無行是也

喪具節

衣亦漸制　閩監毛本作漸衛氏集說同此本漸誤斬

喪服節　惠棟按云喪服節食於有喪節宋本合爲一節

蓋有夫壻受我之厚而重親之　閩監毛本同衛氏集說同浦鏜云重而字誤倒

從續通解按非也下云欲一心事於厚重是約此句義非此句本如此

曾子與客立於門側節

以爲不可發凶於人之館 閩監毛本同岳本嘉靖本同衛氏集說無之字考文引宋板古本同

曾子至弔焉 惠棟挍宋本無此五字

曰反哭於爾次者 閩監毛本同惠棟挍宋本無者字

故曾許其反哭於汝次舍之處 閩監毛本同惠棟挍宋本曾下有子字

其賓亦在東門北面 閩監毛本同衛氏集說東門作門東考文引宋板同

孔子曰之死而致死之節

木不成斲 閩監本同嘉靖本同衛氏集說同毛本斲作斵釋文同岳本作斵石經闕

有鐘磬而無簨虡監本同岳本嘉靖本同石經鐘字同簨虡字闕閩本亦作虡鐘作鍾衛氏集說同毛本鐘字同虡作簴注放此疏同○按依說文當作虡从虍畀象形其下足隸省作虡从竹者非

是不知之事閩監毛本如此此本之事二字倒

而致此死之者之意閩監毛本同惠棟挍宋本死下無之字

非人所知也惠棟挍宋本此下另行標禮記正義卷第十終記云凡二十一頁

有子問於曾子節惠棟挍宋本自此節起至君於土節止爲第十一卷卷首題禮記正義卷第十一

問喪於夫子乎閩監毛本同石經同岳本嘉靖本同衛氏集說同釋文出問喪云問或作聞考文云古本問作聞案正義云蕢有所異聞也又云汝曾聞失位在他國之禮於孔子否乎據此則正義經文本作聞喪正義又云問喪謂問失本位居他國禮也此二問字皆當作聞否則歧出

有子至貧也　惠棟挍宋本無此五字

次于楊州　閩本同惠棟挍宋本監毛本楊作陽

亦隨夫子之事前後　閩監本如此此本前字重毛本前作先

嚮宋不嚮楚　閩監毛本同孫志祖云宋應作衛

陳莊子死節

繆公召縣子而問焉　閩監毛本同石經同岳本嘉靖本同衛氏集說同考文引古本縣作懸下同

束脩之問不出竟　閩監毛本同石經同岳本同衛氏集說同釋文竟音境考文引古本竟作境○按竟正字境俗字

焉得而弗哭　閩監本同石經同岳本嘉靖本同衛氏集說同足利本同考文引古本無而字毛本同弗作勿並非

論哭鄰國臣之法閩監毛本同衛氏集說同惠棟挍宋本論作記

成子當生襄子班閩監毛本同惠棟挍宋本當作常

仲憲言於曾子節

或用人器閩監毛本作或岳本嘉靖本同衛氏集說同此本或誤成

仲憲至親乎惠棟挍宋本無此五字

此以下是原憲所說閩監毛本同惠棟挍宋本無原字

周人爲之致惑閩監毛本作惑此本誤感

故用恭敬之器仍貯食送之惠棟挍宋本作仍貯食此本仍貯食三字闕閩監毛本同

說三代既子閩監毛本作了此本誤子

尋周家極文惠棟挍宋本作尋此本尋字闕閩監毛本同

若是無知閩監毛本同衞氏集說是作示

以夏后氏尤古故也監毛本作古此本古誤苦閩本同

公叔木節

春秋作戍閩本同岳本同衞氏集說同監毛本戍誤戌疏同考文引古本春秋下有傳字非也正義引春秋經不引傳可知無傳字

公叔木有同母異父之昆弟死問於子游至狄儀之問也閩監毛本同惠棟挍宋本無此廿二字

注木當爲朱至十四年奔魯閩監毛本同惠棟挍宋本無爲朱十四年五字

注疑所服也親者屬大功是閩監毛本同惠棟挍宋本作注疑所至功是

同母異父昆弟之服閩監毛本同惠棟挍宋本同上有爲字衞氏集説同

互説是也閩監毛本同惠棟挍宋本互作元

子思之母節

子思至愼哉惠棟挍宋本無此五字

論爲出嫁母之喪閩監毛本同惠棟挍宋本無嫁字衞氏集説同

縣子瑣曰節

縣子瑣曰閩本同嘉靖本同監本作瑣石經同岳本同衞氏集説同毛本誤項釋文出子瓆云息果反依字作瓆考文云古本作瓆

縣子至父也惠棟校宋本無此五字

后木曰節

后木至亦然 惠棟挍宋本無此五字

曾子曰節

曾子至失也 惠棟挍宋本無此五字

依禮小斂之奠設於東方 閩監毛本同惠棟挍宋本依作用盧文弨云用疑周

小斂奠所以在西方 閩監毛本惠棟挍宋本奠上有之字衞氏集說同

縣子曰節

縣子至古也 惠棟挍宋本無此五字

當記時失禮多尚輕細 閩監本同毛本當記作記當

子蒲卒節

子蒲至攺之 惠棟挍宋本無此五字

杜橋之母之喪節

宮中無相以爲沽也閩監毛本同石經同岳本嘉靖本同衞氏集說同考文引古本足利本相下有君子二字案正義云故時人謂其於禮爲麄略使經文有君子二字正義安得僅以時人申說之是孔氏所見本亦無君子二字也

杜橋至沽也惠棟挍宋本無此五字

宮中不立相侍閩監毛本同衞氏集說同浦鏜挍侍改導

夫子曰節

夫子至以弔惠棟挍宋本無此五字

子游問喪具節

有無惡乎齊石經同岳本同嘉靖本同考文引宋板同閩監毛本無作亡衞氏集說同釋文出有亡云皇如

字無也一音無下同知此處亦作亡字也石經考文提要曰坊本作有無案上稱家之有亡下苟亡矣俱作亡此作無歧出

斂首足形　閩監毛本同石經同岳本嘉靖本同衞氏集說同考文引古本首作手正義本作首石經考文提要宋大字本余仁仲本劉叔剛本至善堂九經本皆作首

還葬　閩監毛本同石經同岳本嘉靖本同衞氏集說同考文引古本足利本葬下有而無椁三字案正義本無

子游至者哉　惠棟按宋本無此五字

不設碑繂不設碑繂不備禮　閩監毛本同考文引宋板無下不設碑繂四字

司士賁節

汰哉叔氏　閩監毛本同岳本嘉靖本同石經作汏衞氏集說同釋文出汏哉此本疏中亦作汏

司士至許人　閩監本同毛本作司士賁至禮許人惠棟按宋本無此五字

宋襄公節

宋襄至實之　惠棟挍宋本無此五字

若夏后氏專用明器　惠棟挍宋本作若衞氏集說同此本若誤則閩監毛本同

周人兼用明器人器　閩監毛本作明此本明誤閩

孟獻子之喪節　案此本此節讀賵上有一○閩本同是另爲一節監毛本去○故渾爲一節惠棟挍云孟獻子節宋本分讀賵下另爲一節齊召南云讀賵下當自爲一節注下應有疏而無之刊本遂接孟獻子節而誤錄其疏於下

司徒旅歸四布　閩監毛本同石經同岳本嘉靖本同衞氏集說同考文引古本足利本作司徒敬子使旅歸四方布案正義中屢言敬子猶是皇侃熊安生舊語設經中無此則疏豈空言讀書脞錄續編云經注並無敬子字正義何爲反覆申辨向疑經文有脫譌而未能決今讀古本爲之釋然考文如此類亦所謂披沙揀金也

旅下士也閩監毛本作下岳本嘉靖本同衛氏集說同此本下誤卜。

司徒使下士歸四方之賻布閩監毛本同岳本嘉靖本同衛氏集說同考文引古本之賻布作之賻賻者布也足利本同但無也字

曾子言非禮祖而讀賵惠棟挍宋本如此宋監本同此本言非二字闕祖字同閩監毛本非作喪祖作祖岳本作非禮祖嘉靖本同衛氏集說二句倒置惟非字不誤祖亦作祖考文云古本作曾子言非也禮祖而讀賵宋板足利本同但無也字案考文之宋板即惠棟所挍之宋本今惠挍作祖考文作祖疑祖誤也

主人之吏考文引宋板同嘉靖本同岳本閩本監毛本吏作史衛氏集說同

論喪不貪利之事閩監毛本同惠棟挍宋本喪上有因字衛氏集說同

故歸還之也閩監毛本同惠棟挍宋本無也字衛氏集說同

成子高寢疾節

觀其意 閩監毛本同岳本嘉靖本同衞氏集說意下有也字考文引古本同

遺慶封之族 閩監毛本同岳本嘉靖本同衞氏集說同考文引古本遺上有慶字族下有也字

謂不墾耕 閩監毛本同岳本嘉靖本同衞氏集說同考文引古本足利本不下有可字釋文出不墾是陸氏所見本亦無可字也

成子至我爲 惠棟挍宋本無此五字

子夏問諸夫子曰節 案此本此節賓客至上有一○閩本同是另爲一節也監毛本去○故渾爲一節齊召南云賓客至以下當亦自爲一節刊本因無疏誤接上節盧文弨云賓客至一段當另起在疏後自爲一節

子夏至衎爾 惠棟挍宋本無此五字

國子高節

反覆也　閩監毛本同嘉靖本同衛氏集說同惠棟挍宋本覆作復宋監本岳本同考文引古本同釋文出反復

非周禮　閩監毛本同岳本嘉靖本同衛氏集說禮下有也字考文引古本同

國子至之哉　惠棟挍宋本無此五字

欲其深邃　閩監毛本作深衛氏集說同此本深誤經

言不可封壤種樹也　惠棟挍宋本作可衛氏集說同此本可字闕閩監毛本作當非

孔子之喪節

封築土為壟　閩監毛本作封岳本嘉靖本同此本封誤北

坊形旁殺平上而長　閩監毛本作上岳本嘉靖本同衛氏集說同此本上字闕

其形旁廣而卑　閩監毛本同岳本嘉靖本同衛氏集說同考文引古本足利本旁下有殺字

斬板謂斷其縮也 惠棟挍宋本作其宋監本岳本嘉靖本同衞氏集說同考文引古本足利本同釋文出斷其此本其誤莫閩監毛本同

三斷止之旁殺 閩監毛本同岳本同衞氏集說同嘉靖本止誤正惠棟挍宋本止作上考文引古本足利本同釋文出上之云時掌反下以上同

孔子至乎哉 惠棟挍宋本無此五字

徧用三王禮子夏謂葬聖人 閩監毛本同惠棟挍宋本禮下有而字考文引宋本禮作而下屬與惠棟挍不同

而下又述昔聞夫子見四封之異者 閩監毛本作異此本異誤其

以赴遠觀之意 閩監毛本同許宗彥挍赴作副

馬騣鬛之上 閩監毛本同惠棟挍宋本騣作鬉衞氏集說同盧文弨云騣是說文新附字疑本借

醱字不當改。

正用一日之功　按正疑止字之譌

但形旁表漸斂　閩監毛本同惠棟按宋本表作衺是也

不與元葬墳同無足怪也　惠棟按宋本如此此本元誤示也誤同閩監毛本元作原也作者

婦人不葛帶節

婦人不葛帶　惠棟按宋本無此五字

不變所重　閩監毛本作重衛氏集說同此本重字闕

有薦新節

有薦新如朔奠　惠棟按宋本無此六字

若士但朔而不望閩監毛本作士此本誤王衛氏集說亦作士

既葬各以節

既葬至服除惠棟校宋本無此五字

池視重霤節

如堂之有承霤也惠棟校宋本同岳本嘉靖本同考文引古本足利本同閩監毛本堂作屋

池視重霤惠棟校宋本無此四字

而生時既屋有重霤以行水閩監毛本同衛氏集說無而字浦鏜校云而衍字

而在車覆鼈甲之下閩監毛本同惠棟校宋本在作於衛氏集說同

君卽位節

歲壹漆之惠棟校宋本同石經同宋監本岳本同嘉靖本同衛氏集說同儀禮經傳通解同考文引古本足利

本同閩監毛本壹作一石經考文提要宋大字本余仁仲本劉叔剛本至善堂九經本皆作壹○按經傳因壹與一同音假借爲一字學者遂分別一二字作一書專壹字作壹說文从壺吉聲壹乃俗作字也

虛之不合　閩監本同岳本嘉靖本同毛本合作令衞氏集說同考文引古本同釋文出不令云力政反本又作合正義云虛虛之不合也合善也一本爲虛之不合者謂不以蓋合覆其上然則正義本當亦作合與釋文同今作合注與疏不相謀當由附合注疏時所據注本不同毛本改從令是也衞氏集說令下有也字考文引古本同案正義則也字亦當有

君卽至藏焉　惠棟挍宋本無此五字

復楔齒節

復楔至起者　惠棟挍宋本無此五字

用桷柶柱𠃊人之齒令開　閩監毛本作柶衞氏集說同此本柶誤栖

不辟戾也　閩監毛本作辟衞氏集說同此本辟字闕

飯者飯食也　閩監毛本同惠棟挍宋本食作含衞氏集說同案作含是也

謂襲斂遷尸之時　閩監毛本作尸衞氏集說此本尸誤戾

及又加著新衣也　閩本同惠棟挍宋本同監毛本及作乃非衞氏集說删乃字亦非

猶稱孝子名也　惠棟挍宋本作稱續通解同此本稱字闕閩監毛本作書非

君復於小寢節

君復至四郊　惠棟挍宋本無此五字

喪不剝奠也與節

喪不至也與　惠棟挍宋本無此五字

爲有祭肉也　閩監毛本作肉衞氏集說同此本肉誤也

小斂既奠于尸東閩監毛本同衛氏集說作既斂奠于尸東○按集說是也

祝受巾巾之閩監毛本作祝衛氏集說同此本祝誤況

設如初巾之閩監毛本作設此本誤投

既殯旬節惠棟按云既殯節宋本合下朝奠日出二旬爲一節

木工宜乾腊且豫成毛本作豫成岳本嘉靖本同衛氏集說同此本豫成二字闕閩監本同考文引古本且豫成作且以豫成也

材椁材也閩監毛本作椁岳本嘉靖本同此本椁誤祖考文引古本作材椁椑材也正義本無椑字

既殯至明器惠棟按宋本無此五字

此一節論葬禮惠棟按宋本同衛氏集說同續通解同閩監毛本葬誤喪

須豫備之事惠棟按宋本作備衛氏集說同此本備字闕閩監毛本誤暴

朝奠日出節 惠棟挍宋本父母之喪以下爲一節

父母至及也 惠棟挍宋本無此五字

練練衣節

黃之色卑於纁 閩監毛本同岳本嘉靖本同衛氏集說同釋文出於薰云本又作纁正義作纁

麛裘青豻褎 閩監毛本同岳本嘉靖本同衛氏集說同惠棟挍宋本豻作犴

練練至可也 惠棟挍宋本無此五字

黃袷裏也 閩本同監毛本袷作祫是也衛氏集說同

裏用黃而領緣用纁者 閩監本同衛氏集說同毛本緣下用誤中惠棟挍宋本無下用字

小祥男子去葛絰 閩監毛本同惠棟挍宋本葛作首衛氏集說同案首字是也

謂父母喪菅屨　閩監毛本同衛氏集說同惠棟挍宋本無母字續通解同案儀禮喪服爲父菅屨父卒爲母與父在爲母皆疏屨此言菅屨當無母字爲是

無絇屨頭飾也　閩監毛本同惠棟挍宋本無絇下有絇者二字考文引宋板無絇下有者絇二字此亦與惠挍不同

鹿色近白　惠棟挍宋本作色近續通解同此本色近二字闕閩監毛本作鹿皮色白非

裘上未有裼衣　閩監毛本作未此本誤夫

二染謂之緅　閩監毛本同衛氏集說同惠棟挍宋本二作一與爾雅合

然麛裘用青豻爲褎　閩監毛本作褎此本誤裘

有殯節

有殯至皆弔　惠棟挍宋本無此五字

天子之棺節

凡棺因能濕之物閩監毛本同岳本因作用嘉靖本同衞氏集說同考文引古本足利本同案集說是也

論天子諸侯以下閩監毛本同衞氏集說無諸侯二字

屬六寸大棺八寸也閩監毛本如此此本上寸誤中下寸誤十

唯椁不周閩監本同衞氏集說同惠棟挍宋本唯作惟毛本唯誤雖考文引宋板作唯

上有杭席故也閩監毛本杭作抗惠棟挍宋本衞氏集說同○按作抗是也

縱束者用二行也閩監毛本作也衞氏集說同此本也誤之

或有作緜字者惠棟挍宋本作作此本作誤惟閩監毛本同

案喪大記君大棺八寸閩監毛本作案此本案誤宰

則樽之厚也閩監毛本作厚此本厚誤淳○

天子之哭諸侯也節

時人間有弁經閩監毛本同衞氏集說同惠棟挍宋本間作聞岳本嘉靖本同考文引古本足利本同續通解間有作聞者

天子至樂食惠棟挍宋本無此五字

今哭諸侯閩監毛本同衞氏集說同惠棟挍宋本哭作喪

天子之殯也節

菆本以周龍輴加樽而塗之閩監毛本同嘉靖本同衞氏集說同惠棟挍宋本加作如宋監本岳本同續通解同案作如是也正義云象樽之形正申此如字之義○按穀梁傳九年疏引作如

天子至禮也惠棟挍宋本無此五字

謂用木菆棺而四面塗之 此本用誤困閩監毛本不誤惠棟挍宋本菆作叢下亦題湊菆木同

畢塗屋者 閩監毛本作畢此本畢誤塗

四面盡塗之也 閩監毛本作塗此本塗誤畢

唯天子之喪節

唯天至而哭 惠棟挍宋本無此五字

位就同姓之中 閩監毛三本同惠棟挍宋本位作但是也衛氏集說同

魯哀公節

誄其行以爲謚也 閩監毛本同岳本嘉靖本同衛氏集說同考文引古本足利本重誄字宋監本作誄累其行以爲謚也按左傳哀十六年正義引禮記注誄累也累列生時行迹讀之以作謚

尼父因其字以爲之謚。閩監毛本同嘉靖本同衛氏集說同惠棟挍宋本其作且一岳本亦作且無一字宋監本同考文引古本與宋本同足利本與岳本同段玉裁云且字見儀禮者四見禮記者三見公羊傳者三疏家多不得其解今案說文且薦也凡承藉於下曰且凡冠而字祇有一字耳必五十而後以伯仲故下一字所以承藉伯仲也言伯某仲某是稱其字單言某甫是稱其且字若韓非子於孔子單言尼蓋五十以前事也此注家且字之說也其說甚詳不可備錄又云檀弓注且字俗本譌作其字今本左傳哀十六年疏引譌作目字宋本禮記注疏譌作且一字三字惟南宋禮記監本及慶元本左傳哀十六年疏作且字不誤

魯哀至尼父 惠棟挍宋本無此五字

稱字而呼之尼父也 惠棟挍宋本作呼此本呼字闕閩本同監毛本作謚非

國亾大縣邑節

哭於大廟三日 閩監本同石經同岳本嘉靖本同衛氏集說本同毛本大作太非疏同釋文亦作大

以喪歸也閩監毛本同岳本嘉靖本同衛氏集說同考文引古本足利本喪下有禮字

國亾至后土惠棟挍宋本無此五字

亾失也監毛本作亡此本亡誤云閩本同

亾失土邑也閩監毛本作土此本誤士

孔子惡野哭者節

周禮銜枚氏監毛本作銜岳本嘉靖本同此本銜誤御閩本同

掌禁野叫呼歎呼於國中者閩監毛本同惠棟挍宋本下呼作鳴宋監本岳本嘉靖本同考文引古本足利本同衛氏集說作掌嘂呼歎鳴於國中者無野字作嘂鳴字與周官經合釋文出叫呼

孔子惡野哭者惠棟挍宋本無此六字

未仕者節

稅謂遺于人閩監毛本同嘉靖本同衛氏集說于作於惠棟挍宋本于作予宋監本同岳本同考文引古本足利本亦作予是人下有物字非正義皆云謂以物遺人也是足利本所據補也

未仕未尊閩監毛本如此此本未仕誤夫任

亦當必稱父兄以將遺之閩監毛本作稱此本誤類

士備入節

嫌主人哭毛本作嫌岳本嘉靖本同衛氏集說同此本嫌字闕閩監本同

士備至夕踊惠棟挍宋本無此五字

雖先入卽位哭閩監毛本作位衛氏集說同此本位誤布

而相待踊者惠棟挍宋本作而此本而字闕閩監毛本作必非

祥而縞節

祥而至月樂 惠棟挍宋本無此五字

其祭朝服縞冠是也 閩監毛本同惠棟挍宋本祭下有也字衛氏集說同

君於士節

冪人職供焉 閩監毛本同嘉靖本同衛氏集說同岳本供作共釋文出共焉云本亦作供○按供正字共假借字

君於士有賜帟 惠棟挍宋本無此六字

賜惠賜也 惠棟挍宋本作惠此本惠字闕閩監毛本惠作恩衛氏集說同

附釋音禮記注疏卷第八終 惠棟挍宋本此行題禮記正義卷第十一終宋監本題禮記卷第二經五千四百二十二字注五千三百二十字嘉靖本題卷終經五千二百一十九字注五千三百六十五字

禮記注疏卷八挍勘記

附釋音禮記注疏卷第九

檀弓下第四

【疏】正義曰案鄭目錄云義同前篇以簡策繁多故分爲上下二卷

禮記　鄭氏注　孔穎達疏

君之適長殤車三乘公之庶長殤車一乘大夫之適長殤車一乘皆下成人也自上而下降殺以兩成人遣車五乘長殤三乘下殤一乘尊卑以此差之庶子言公卑遠之傳曰大功之殤小從上○適丁歷反下及下適室同長殤丁丈反下及注同下式羊反乘繩證反下及注同皆下戸嫁反殺色戒反遣棄戰反差初佳反又初宜反遠于萬反【疏】君之至一乘○正義曰此一節論諸侯及卿大夫之子送葬遣車之數○君者五等諸侯也今此謂諸侯適子在長殤而死故云君之適長殤也車三乘者遣車也葬柩朝廟畢將行設遣奠竟取遣奠牲體臂臑折之爲段用此車載之以遣送亡者故謂之遣車然遣車之形甚小周禮巾車云大喪飾遣車鄭云使人以次舉之以如墓也又雜記遣車視牢具置于四隅鄭云四隅

椁中之四隅以此而推故知小也所以必須遣車者雜記云大饗既饗卷三牲之俎歸于賓館父母而賓客之所以爲哀也是言父母方將遠去亦如賓客之義所以載牲體送之也但遣車之數貴賤不同若生有爵命車馬之賜則死有遣車送之諸侯七乘大夫五乘此後有明文鄭惟諸侯既七乘降殺宜兩則國王宜九乘士三乘也今此所明並是殤未成人未有爵命車馬之賜而得遣車者言其父有之得與子也王九乘若適子成人則應七乘在長殤而死則五乘中殤從上亦五乘下殤三乘也若有國王庶子成人則應五乘長殤中殤三乘下殤一乘也諸侯既自得七乘其適子成人五乘長殤三乘故君之適長殤車三乘也中則從上若下殤則一乘也○公之庶長殤車一乘者公亦諸侯也適長殤既三乘庶子若成人乃三乘而長殤則一乘故云車一乘也中殤亦從上若下殤則無大夫之適長殤車一乘者大夫自得五乘適子成人三乘長殤降二故一乘也中殤從上亦一乘若下殤及庶殤並不得也案下注云人臣賜車馬乃得有遣車禮三命始賜車馬然諸侯大夫再命而下則不合有遣車今大夫適子長殤得有遣車一乘者以其身爲大夫德位既重雖未三命得有遣車約鄭注雜記云則士無遣車禮天子上上三命得有車馬之賜而云士無遣車者謂諸侯之士及天子中

士下士也但喪禮質略天子之臣與諸侯之臣命數雖殊喪禮不異故鄭云大夫以上乃有遣車文主天子大夫其實兼諸侯大夫也鄭以士無遣車者文主諸侯之士其實亦兼天子中下士也諸侯及大夫之子熊氏云人臣得車馬賜者遣車得及子若不得車馬賜者雖爲大夫遣車不得及子案此經云大夫之適長殤車一乘則大夫之身五乘下云大夫五个遣車五乘二文正同但此摠爲殤而言之故言其子下文爲晏子大儉故舉國君及大夫之身本無及子不及子之義横生異意無所證據熊氏非也雜記云遣車視牢具則遣車一乘當苞一个士無遣車既夕禮苞三个者亦是豐小殺大禮之義若服虔之意視牢具者視饔餼牢具故襄二十五年崔杼葬莊公下車七乘服注云上公饔餼九牢遣車九乘與此異也○注庶子至從上○注正義曰君是對臣之名有地大夫以上皆有君號公則五等之上又同三公之尊今庶子言公就其尊號是卑遠於庶子也此有公君相對故爲此解若文無所對嫡與稱公故喪服云公子嫡子是也又鄭引喪服傳云大功之殤中從上者證此遣車亦中從上也必知然者服是生人所著哀念死者車亦生者所有被及亡人車服雖殊皆是緣生者之事故車馬與服同中從上若其尨棺堲周之屬本爲死者中殤年實童幼故從於下盧植以爲遣車亦中

從下非其宜○**公之喪諸達官之長杖**謂君所命雖有官職不達於君則不服斬

〔疏〕公之至長杖○正義曰此一節論臣爲君杖法公者五等諸侯也諸者非一之辭達官謂國之卿大夫士被君命者也既被君命故稱達官也既達於官而貴有其職此對不達者爲長故云長也若遭君喪則備服衰杖故云諸達官之長杖也不云衰從可知也○注謂君至服斬○正義曰不達於君謂府史之屬也賤不被命是不達於君也不服斬衰但服齊衰三月耳故喪服齊衰三月章有庶人爲國君鄭云不言民而言庶人庶人或有在官者案彼注即是不達者也皆是凡謂庶人在官者若其近臣閽寺之屬雖無爵命但嗣君服斬則亦服斬與此異也故喪服斬衰章云公士大夫之衆臣爲其君布帶繩屨傳曰近臣君服斯服矣鄭注云近臣閽寺之屬若大夫之臣雖不被命於諸侯得爲大夫之君服斬與杖但衆臣降其帶屨用布帶繩屨耳○

君於大夫將葬弔於宮及出命引之三步則止以義奪孝子宮殯宮出謂柩已在路**如是者三君退**退去也三命引之凡移九步**朝亦如之哀次亦如之**君弔

不必於宮朝喪朝廟也次他日賓客所受大門外舍也孝子至此而哀君或於是弔焉○朝直遥反注同〔疏〕君於至如之○正義曰此一節論君弔臣之禮君於大夫之喪將至葬時君必親往弔於殯宮謂就殯宮以弔孝子弔禮既畢及其柩出殯宮之門孝子號慕攀轅柩車不動君奪孝子之情命遣引之引者三步則止所以止者不忍頓奪孝子之情故且止柩住君又命引之引之者三步而止君又命引之引之者三步而止故如是者三君又命引之柩車遂行君便退去君或來弔參差早晚不必恒在殯宮或當朝廟明日將發之時亦如柩出殯宮命引之三步如是者三之事故云朝亦如之君弔或晚不及朝廟之時朝廟已畢柩出大門至平生待賓客次舍之處孝子哀其平生次舍之處停柩不行君於是始弔弔畢君命引之使行如上來之事故云哀次亦如之○注宮殯至在路○正義曰知此是殯宮者以下云朝及哀次以朝廟及出大門哀次之事此文在其前以事前後故知是殯宮也云出謂柩已在路者對此宮中未行今已出殯門將往嚮廟謂之在路賀瑒以路謂載柩之車義亦通也○注退去至九步○正義曰鄭嫌退謂逡巡且退故云退去也云三命引之凡移九步者以禮成於三故知凡爲九步鄭必分明言九步者以經上云引之三步則止下云如是者三恐

別更爲三通前爲四十存二步之嫌故明言九步也九步既停君又須命引之則當四命也或可君既三命柩雖三步暫停孝子更須有事君即退○注君弔至弔焉○正義曰君於大夫恩義或有厚薄或弔有早晚故云君弔不必於宮也宮謂殯宮也從上可知也知朝是喪朝廟者朝與哀次相對故知朝廟也柩之朝廟今日至廟明日乃去此弔謂明日將去之時故有命引之云次他日賓客所受大門外舍也者以覲禮諸侯受次舍于廟門外明大夫大門外亦有賓次也然主位在門東孝子必哀門西賓次者以平生門東待賓客無次孝子見門西張次之處而哀故云哀次云君或於是弔焉者以君弔正禮當於殯宮或於朝祖廟無門外君弔之禮○君來弔或晚有邂逅於是弔焉故云或或是不定之辭

五十無車者不越疆而弔人氣力始衰○疆居良反本又作彊下越疆同

〔疏〕五十至弔人○正義曰此一節論哀老不許徒行遠弔之事所以時不許越疆而弔人者五十既衰越疆則道路遥遠弔人又悲慼哀慼恐傷哀恐故不許也

○季武子寢疾蟜固不説齊衰而入見曰斯道也將亡矣士唯公門説

齊衰季武子魯大夫季孫夙也世爲上卿強且專政國人事之如君蟜固能守禮不畏之矯失俗也道猶禮也○蟜居表反蟜固人姓名說他活反本亦作稅徐又音申銳反下同見賢遍反矯居表反武子曰不亦善乎君子表微時無如之何佯若善之表猶明也及其喪也曾點倚其門而歌明己不與也點字晳曾參父○點多忝反倚于綺反徐其綺反晳星麻反

【疏】季武至而歌○正義曰此一節論季武子無禮蟜固正之事武子魯之執政上卿時人畏之事之如君入其門皆說衰唯蟜固不說齊衰而入見武子謂武子曰我所以著齊衰而入者以此著齊衰之道將亡絕矣以時人畏爾入門者皆說齊衰故此著齊衰入大夫之門其道將絕又語武子若依正禮士唯入公門乃說齊衰而入大夫之門不合說也言將亡者其時嚮餘大夫之門猶有著齊衰者故云將亡將亡者未絕之辭武子既得蟜固之言心雖恚恨身既寢疾無奈之何乃佯言若美之汝之所言不亦善乎所以善者若失禮顯著凡人皆知若失禮微細唯君子乃能表明之今說齊衰失禮之微汝能知之是君子之人故云君子表微及武子之喪曾點慕蟜固之直乃倚武子之門而歌明已不與武子故無哀戚

○注季武至禮也○正義曰知是上卿專政者左傳文云國人事之如君者入君門說齊衰今入武子之門亦說齊衰是與君同也此謂不杖齊衰若杖齊衰雖入公門亦不說之具在下曲禮疏云蟜固能守禮不畏之矯失俗也者謂失禮風俗矯而正之據鄭此言則蟜固人之姓名其字從虫若矯正之字從矢熊氏云或有人矯武子固陋對文不知一何甚也注時無無至善之○正義曰知非實善云佯善者其實善則尋常不合說齊衰故知佯若善蟜固也心實不善而佯善之是無如之何凡外貌爲陽內心爲陰實無內心但有外貌者謂之爲陽故史記韓非說難云陽收其身而實疏之陰用其言而顯棄之是也此陽或言佯者字相假借義亦通也○注點字晳會參父正義曰此史記仲尼弟子傳文彼文點字作箴

○大夫弔當事而至則辭焉辭猶告也擯者以主人有事告也主人無事則爲大夫出○擯必刃反本又作儐同後放此爲于僞反下亦爲爲之變同弔於人是日不樂君子哀樂不同日子於是日哭則不歌○日人一反樂音岳又音洛注同婦人不越疆而弔人不通於外行弔之日不飲酒食肉焉以全哀也弔於

葬者必執引若從柩及壙皆執紼示助之以力車曰引棺曰紼從柩羸者。引音胤注同車索壙若晃反又音曠後同紼音弗棺索羸音盈○喪公弔之必有拜者往謝之雖朋友州里舍人可也謂無主後弔曰寡君承事示亦爲執事來主人曰臨君辱臨其臣之喪。臨如字徐力鴆反君遇柩於路必使人弔之君於民臣有父母之恩大夫之喪庶子不受弔不以賤者爲有爵者主【疏】大夫至受弔。○正義曰此一節論弔哭之禮各依文解之。○大夫弔者謂大夫弔士也當事當主人有大小斂殯之事也大夫尊來弔士則孝子應出下堂迎之若正有事而至則孝子遣人辭告之道有事不得出也。○注辭猶至夫出。○正義曰此出者正謂出之於庭不得出門外以男子之事自堂及門故也若未小斂以前唯君命出故士喪禮云唯君命出鄭注云大夫以下時來弔襚不出始喪哀戚甚在室是小斂以前不爲大夫出也正當小斂之節大夫來弔則辭之以有事斂畢當踊之時延大夫而入絕踊而拜之或大夫正當斂後踊踊時始來則亦絕踊拜之故雜記云當袒大夫至雖當踊絕踊踊而拜之注云尊大夫來至則拜之不待事已也若士來弔雖當斂不告以有事事畢踊後引士人然後拜之故雜記云於士既事成踊襲而后拜之是也此云不當事則爲大夫出於士雖不當事則不爲之出然士喪禮旣小斂以後主人降自西階遂拜賓大夫特拜士旅之得出拜士者以主人將襲經於序東因降階而拜之非故爲士而出拜之不當事爲大夫出謂出迎至庭若大夫退則出送于門外故士喪禮賓出主人拜送于門外鄭注云廟門外也廟門謂殯宮門也。婦人不越疆而弔人此是凡弔之法婦人無外事故不越疆而弔人。弔於葬者必執引引柩車索也弔葬本爲助執事故必相助引柩車也。若從柩及壙皆執紼者及至也紼引棺索也凡執引用人貴賤有數若其數足則餘人不得遥行皆散而從柩也至壙下棺窆時則不限人數皆悉執紼是助力也。注示助至贏者。正義曰引者長遠之名故在車車行遠也紼是撥舉之義故在棺棺唯撥舉不長遠也云從柩贏者贏餘也從柩者是執引所餘贏長者也何東山云天子千人諸侯五百人大夫三百人士五十人贏數外也。喪公弔之必有拜者。喪謂諸侯臣之喪公來親弔或遣人來弔喪家雖無主後必有以次疏親而往拜之以謝其恩疏親亦無雖死者朋友及同州同里及喪家典舍之人而往拜之可也此以無後故許他人拜謝若其有後主人故自當親拜是以既夕禮云主人乘惡車鄭注云拜君命是也○弔曰寡君承事者此是君來語擯者使傳君來之辭也弔爲助事故雖君之尊亦稱承事也○主人曰臨者主人辭謝之曰君屈辱降臨某之喪文稱寡君應是弔他國之臣上承公弔之下則是已國之臣稱寡君者以其示欲供承喪家之事故謙言寡君此謂大夫之喪也若弔士直稱君故士喪禮君使某弔如何不淑是也○君遇柩於路者君於其臣當特弔於家故喪大記於大夫及士皆親弔之又禮議費尚受弔及杞梁之妻不受野弔是也其或卑小之臣及庶人之等君不豫知其喪造次遇柩於路既有民臣之恩以此使人弔故鄭荅張逸謂行而遇之謂凡民也雖以民爲主亦兼微小臣君不豫知其喪故此云兼臣也○大夫之喪庶子不受弔者不受弔者謂不爲主人也適子主喪受弔拜賓若適子或有他故不在則雖庶子不敢受弔明已卑辟適也言大夫庶子不受弔則士之庶子得受弔也言不受弔不可以賤者爲有爵者喪主也

○妻之昆弟爲父後者死哭之適室以其正也子爲主袒免哭踊

親者主之○免音問夫入門右北面辟正主○辟音避下辟難同使人立于門外告來者狎則入哭狎相習知者○使邑吏反又如字狎戶甲反父在哭於妻之室不以私喪干尊非爲父後者哭諸異室○有殯聞遠兄弟之喪哭于側室嫌哭殯無側室哭于門内之右○近南者爲之變位近附近之近同國則往哭之喪無外事

〔疏〕妻之至哭之○正義曰此一節論哭無服者之事適室正寢也禮女子子適人者爲昆弟爲父後者不降以其正故也故姊妹之夫爲之哭於適室之中庭也○子爲主者子已子也甥服舅緦故命已子爲主受弔拜賓也○袒免哭踊者冠尊不居肉袒上必先免故凡哭哀則踊踊必先袒袒必先免故袒免哭踊也○夫入門右者夫謂此子之父即哭妻兄弟者也言夫者據妻之爲喪也子既爲主位在東階之下西嚮父入門右近南而北嚮哭也鄭注知此北面者鄭推子既爲主在阼階下西嚮父不爲主若又西嚮便似二主故入門右而北面示辟爲主之處也鄭又所以知父必北面

者曾子問云衛靈公弔季康子魯哀公爲主康子立於門右北面辟主人之位故鄭知此當北面辟主人之位也而禮本多將鄭注北面爲經文者非也案古舊本及盧王禮亦無北面字唯鄭注云北面耳庾蔚亦謂非經文也○使人立于門外告來者者以門內有哭則鄉里聞之必來相弔故主人所使人出門外告語來弔者述所哭之由明爲主在子不關已也○狎則入哭者若弔人與此亡者曾經相識狎習當進入共哭父在哭於妻之室者此夫若父在則適室由父故但於妻室之前而哭之亦子爲主使人立於門外也故鄭注云不以私喪干尊○非爲父後者哭諸異室者案奔喪禮妻之黨哭諸寢此哭於適室及異室者寢是大名雖適室及妻室異室揔皆曰寢此云子爲主祖免哭踊則夫入門右亦哭踊知者以其上文申祥之哭言思婦人倡踊故知夫入門右亦踊但文不備耳○注近南者爲之變位○正義曰此哭於門內之右謂庶人無側室者故內則云庶人無側室者言近南爲之變位以其尋常爲主當在阼階東西面今稱門內之右故知近南爲之變位也必變之者以哭於大門內之右既非常哭之處故繼門而近於南也鄭云近南則猶西面但近南耳必知西面者案士喪禮朝夕哭衆主人衆兄弟繼婦人南皆西面明此哭兄弟亦西面也下云同國則往哭之上云聞遠

兄弟之喪謂異國也所以同國則往哭異國則否者以其已有喪殯不得嚮他國故鄭云喪無外事○子張死曾子有母之喪齊衰而往哭之或曰齊衰不以弔以其無服非之曾子曰我弔也與哉於朋友哀痛甚而往哭之非若凡弔○與音餘〔疏〕子張至與哉○正義曰此一節論哭朋友失禮之事○注以其至非之○正義曰言曾子與子張無服不應往哭故或人非之也若有服者雖緦亦往也○有若之喪悼公弔焉悼公魯哀公之子○悼音道子游擯由左擯相侑喪禮者喪禮廢亡時人以爲此儀當如詔辭而皆由右相是善子游正之孝經說曰以身擯侑○擯必忍反注同相息亮反下同詔音照侑音又〔疏〕有若至由左○正義曰此一節論擯相之法在主人曰擯在客曰介○注擯相至擯侑○正義曰庾蔚云相主人以禮接賓皆謂之擯亦無當於吉凶鄭以爲相侑喪禮據此事而言之大宗伯注出接賓曰擯入詔禮曰相云喪禮廢亡時人以爲此儀當如詔辭而皆由右相是善子游正之者少儀云詔辭自右鄭云爲君出命也立者尊右案立者尊右若已傳君

之詔辭詔辭爲尊則宜處右今擯者宜右也若於喪事則惟賓主居右而已自居左而當時禮廢言相喪亦如傳君詔辭已自居右子游知禮故推賓居右已居左也云孝經說曰以身擯侑者引孝經說證擯是相侑也孔子身爲君作擯侑故論語云君召使擯是也

○齊穀王姬之喪 穀當爲告聲之誤也王姬周女齊襄公之夫人○穀音告又古毒反

魯莊公爲之大功或曰由魯嫁故爲之服姊妹之服或曰外祖母也故爲之服 春秋周女由魯嫁卒服之如內女服姊妹是也天子爲之無服嫁於王者之後乃服之莊公齊襄公女弟文姜之子當爲舅之妻非外祖母也外祖母又小功也○爲之于僞反下及注同王如字徐于況反

【疏】齊穀至之服○正義曰此一節論諸侯爲王姬著服之事案莊二年秋齊王姬卒齊來告魯云王姬之喪魯莊公爲之大功或人解之云王姬周女也命魯爲主由魯嫁比之魯女故爲之服出嫁姊妹之服更有或人解云王姬爲莊公外祖母故爲之著大功之服此或人之言乃爲二非也王姬是莊公舅妻不得爲外祖母是一非假令爲外祖母正合小功不服大功是二非也○注王姬至夫

人。正義曰案莊公十一年王女共姬爲齊桓公夫人知此王姬非齊桓公夫人者以桓公夫人經無卒文是不告於魯襄公夫人莊二年經書王姬卒是來告魯此言齊告王姬之喪故知是襄公夫人。注春秋至服之。正義曰春秋莊二年齊王姬卒穀梁傳云爲之主者卒之也案莊元年秋築王姬之館于外下云王姬歸于齊是由魯嫁也喪服大功章君爲姑姊妹女子子嫁於國君者著大功之服王姬既比之內女故服大功也云天子爲之無服者以尊卑不敵故也若嫁於王者之後天子以賓禮待之則亦大功也其女反爲兄弟爲諸侯者亦大功以喪服女子出嫁爲兄弟大功故也案喪服云女子子爲父後者期謂大夫士之妻有往來歸宗之義故喪服傳云婦人雖在外必有歸宗曰小宗鄭荅趙商云自其家之宗言宗及小宗故知是大夫士也諸侯夫人父母卒無復歸寧之理故知諸侯夫人爲兄弟爲諸侯者但大功耳不得服期熊氏以爲服期非也案服小記云與諸侯爲兄弟者服斬卑賤降等雖不爲臣猶服斬衰與此別也晉

獻公之喪秦穆公使人弔公子重耳獻公殺其世子申生重耳辟難出奔是時在翟就弔之。重直龍反注及下皆同難乃旦反翟音迪本又作狄且曰寡人

聞之亡國恒於斯得國恒於斯言在喪代之際雖吾子儼然在憂服之中喪亦不可久也時亦不可失也孺子其圖之勸其反國意欲納之喪謂亡失位孺稺也○儼魚檢反本亦作儼同喪息浪反注及下皆同孺如樹反後同稺直吏反本又作稚同以告舅犯舅犯重耳之舅狐偃也字子犯舅犯曰孺子其辭焉喪人無寶仁親以爲寶寶謂善道可守者仁親親行仁義父死之謂何又因以爲利欲反國求爲後是利父死而天下其孰能說之孺子其辭焉說猶解也公子重耳對客曰君惠弔亡臣重耳身喪父死不得與於哭泣之哀以爲君憂謝之○與音預父死之謂何或敢有他志以辱君義〔疏〕晉獻至君義○

正義曰此一節論公子重耳不因父喪以取國之事各依文解之○且曰至圖之○使者弔重耳重耳受弔禮已畢使者出門則應遂還賓館使者方須致穆公之命以勸重耳故言且曰言且者非特弔耳且者兼有餘事使者且更言曰稱穆公之命言寡人聞前古以來失亡其國恒於此喪禍交代之時得其國家亦恒在於此交代之時言此喪禍交代之際是得國失國之機求之則得不求則失雖吾子儼然端靜在憂戚喪服之中無求國之意然身喪在外亦不可久爲言辛苦也得國之時亦不可失言當求也欲使重耳從其言故云孺子其圖之○父死至君義○言父身死亡謂是何事正是凶禍之事既是凶禍豈得又因此凶禍以有爲已利欲求反國必其如此而天下聞之其誰解說我以爲無罪公子重耳用舅犯之言出而對客既敘其弔意又謝其欲納之言君惠弔亡臣重耳此一句是敘其弔意言身喪父死不得在國與於哭泣之哀以爲君之憂慮欲納於我既謝其恩又道不可之意言以父死謂是何事豈復敢悲哀之外別有他志以屈辱君之義事乎言已無他志不敢受君勸以反國之義言義者宜也穆公之意以重耳反國爲宜故云義也

稽顙而不拜哭而起起而不私他志謂私心○稽音啓顙桑黨反子

顯以致命於穆公使者公子縶也盧氏云古者名字相配顯當作韅○顯依注音韅呼遍反徐苦見反使色吏反縶陟立反後同穆公曰仁夫公子重耳夫稽顙而不拜則未爲後也故不成拜哭而起則愛父也起而不私則遠利也○夫音符遠于萬反【疏】稽顙至遠利也○正義曰此穆公本意勸重耳反國重耳若其爲後則當拜謝其恩今不受其勸故不拜謝穆公以其不拜故云未爲後也所以稽顙者自爲父喪哀號也凡喪禮先稽顙而後拜拜乃成今直稽顙而不拜故云不成拜也今既聞父死勸其反國之義哀慟而起若欲攀轅然故云哭而起則愛父也以其愛父故起若欲攀轅既哭而起不私與使者言必無心反國是遠利也鄭注知在翟弔之及使者公子縶者並國語文云縶弔重耳而退弔公子夷吾於梁如弔重耳之命夷吾見使者再拜稽首起而不哭退而私於公子縶曰里克與我矣吾命之以汾陽之田百萬丕鄭與我矣吾命之以負蔡之田七十萬亡人苟入埽除宗廟定社稷且入河外列城五言亡人之所懷案國語之說夷吾則穆公美重耳之言皆是形夷

吾而起

○帷殯非古也自敬姜之哭穆伯始也

穆伯魯大夫季悼子之子公甫靖也敬姜穆伯妻文伯歜之母也禮朝夕哭不帷○歜昌蜀反【疏】帷殯至始也○正義曰此一節論哭殯不合帷殯之事○注穆伯至不帷○正義曰知穆伯是季悼子之子公甫靖者世本文知敬姜是文伯歜之母者下文云文伯之喪敬姜晝夜哭又國語云敬姜自績文伯諫之是也朝夕哭不帷是雜記文以孝子思念其親故朝夕哭時乃褰徹其帷也今敬姜之哭穆伯以辟嫌之故遂朝夕哭不復徹帷故下文云穆伯之喪敬姜晝哭與此同也案春秋文十五年公孫敖之喪聲已不視帷堂而哭公孫敖亦是穆伯此不云聲已之哭穆伯始者聲已是帷堂非帷殯也聲已哭在堂下怨恨穆伯不欲見其堂故帷堂敬姜哭於堂上遠嫌不欲見夫之殯故帷殯案張逸荅陳鏗云敬姜早寡晝哭以辟嫌帷殯或亦辟嫌表夫之遠色也

○喪禮哀戚之至也節哀順變也君子念始之者也

始猶生也念父母生已不欲傷其性【疏】喪禮至者也○正義曰此一節記人總論孝子遭喪所爲哭踊復魄飯含重主殯葬反哭之事各依文解之○喪禮哀戚

之至也者言人或有禍災雖或悲哀未是哀之至極唯居父母喪禮是哀慼之至極也既爲至極若無節文恐其傷性故辟踊有節筭裁節其哀也故下文辟踊哀之至有筭爲之節文也所以節哀者欲順孝子悲哀使之漸變也故下文云慍哀之變也所以必此順變者君子思念父母之生已恐其傷性故順變也**復盡愛之道也有禱祠之心焉**復謂招魂且分禱五祀庶幾其精氣之反○禱丁老反一音丁報反祠音詞**望反諸幽求諸鬼神之道也**鬼神處幽闇望其從鬼神所來**北面求諸幽之義也**鄉其所從來也禮復者升屋北面○鄉本又作嚮同許亮反【疏】復盡至義也○正義曰始死招魂復魄者盡此孝子愛親之道也非直招魂又分禱五祀冀精氣之復反故云有禱祠之心焉言招魂之時於平生館舍求魂欲反又於五祀禱請求之復與五祀摠是祈禱故云禱祀之心焉以摠結之又解復魄之時冀望魂神於幽處而來所以望諸幽者求諸鬼神之道也言鬼神處在幽闇故望幽以求之又解望幽所在北方是幽闇復者北面求鬼神之義○注復謂至之反○正義曰招魂者是六國以來之言故楚辭有招魂之篇禮則云復冀

精氣反復於身形分禱五祀者既夕禮文直言乃行禱者謂非直招魂兼有分禱俱是求神之義言分遣其人以禱五祀五祀博言之耳士唯二祀

拜稽顙哀戚之至隱也稽顙隱之甚也隱痛也稽顙者觸地無容

〔疏〕拜稽至甚也○正義曰孝子拜賓之時先爲稽顙而後拜者哀戚之至痛就拜與稽顙二事之中稽顙爲痛之甚此拜稽顙拜文在上以周禮言之將拜稽顙或可下文殷周並陳此云拜稽顙或舉殷禮故先言拜也○注隱痛○正義曰釋詁文也

飯用米貝弗忍虛也不以食道用美焉爾尊之也食道褻米貝美○飯扶晚反褻息列反

〔疏〕飯用至焉爾○正義曰死者既無所知所以飯用米貝不忍虛其口既不忍虛其口所以不用飯食之道以實之必用米貝者以食道褻米貝美尊之不敢用褻故用米貝美善焉爾飯食人所造作細碎不絜故爲褻也米貝天性自然爲美凡含用米貝案喪大記云君沐粱大夫沐稷士沐粱又以所沐之米以飯之故士喪禮祝淅米于堂又云祝受米奠于貝北主人左扱米實于右是飯用沐米也則是諸侯用粱大夫用稷士用粱士用粱者謂天子之士諸侯之士用稻故士喪禮云

稻米一豆實於筐是也以夫差之天子當沐黍與是天子飯用黍也其含案周禮典瑞云大喪共飯玉含玉鄭注云含玉如璧形而小耳是天子用璧也又飯玉碎玉以雜米也故云共飯玉雜記云含者執璧將命是諸侯亦含以璧也卿大夫無文案成十七年公孫嬰齊夢贈瓊瑰注云食珠玉含象則卿大夫蓋用珠也案士喪禮貝三實于笄注云貝水物古者以為貨江水出焉笄竹器名是士用貝三依雜記則大夫當五諸侯七天子九何休注云公羊天子以珠諸侯以玉大夫以碧士以貝又禮緯稽命徵天子飯以珠含以玉諸侯飯以珠含以璧卿大夫飯以珠含以貝此等或是異代禮非周法也

銘明旌也神明之精○銘音名旌音精**以死者為不可別已故以其旗識之**不可別形貌不見○別彼列反注同本或無已字非識式至反皇如字**愛之斯錄之矣敬之斯盡其道焉耳**謂重與奠○重與奠也與音如字一本作重與奠與二與並音餘**重主道也**始死未作主以重主其神也重既虞而埋之乃後作主春秋傳曰虞主用桑練主用栗**殷主綴重焉**綴猶聯也殷人作主而聯

其重縣諸廟也去顯考乃埋之○綴丁劣反又丁衛反聯音連縣音玄

周主重徹焉周人作主徹重埋之

疏「銘明至徹焉」○正義曰案士喪禮爲銘各以其物又司常云大喪共銘旌注云王則大常案司常云王建大常諸侯建旂孤卿建旜大夫士建物則銘旌亦然但以尺寸易之案士喪禮士長三尺大夫五尺諸侯七尺天子九尺從遣車之差以喪事略故也若不命之士則士喪禮云以緇長半幅長一尺經末長終幅長二尺揔長三尺○愛之斯録之矣○愛之斯録之者謂孝子思念其親追愛之道斯此也故於此爲重以存録其神也○敬之斯盡其道焉耳者謂於此設奠盡其孝養之道焉耳鄭以下文有重及奠故此一經爲下張本故云重與奠也此愛之斯録之矣及敬之以斯盡其道焉耳亦得揔焉於明旌之義故士喪禮爲銘之下鄭注引此愛之敬之二事以解旌以義得兩通故鄭彼此二解○重主至徹焉○言始死作重猶若吉祭木主之道主者吉祭所以依神在喪重亦所以依神故云重主道也○殷主綴重焉者謂殷人始殯置重于廟庭作虞主祏則綴重縣於新死者所殯之廟也○周主重徹焉者謂周人虞而作主而重則徹去而埋之故云周主重徹焉但殷人綴而不即埋周人即埋不縣於廟爲異也○注始死未作至練主用栗○

正義曰案士喪禮云士有重無主而此云重主道者此據天子諸侯有主者言之卿大夫以下無主春秋孔悝爲祏主鄭駁異義云孔悝祭所出君故有主云重既虞而埋之乃後作主者謂既虞之後乃始埋重埋重之後乃始作主案天子九虞九虞之後乃埋重重與祔相近故公羊云虞主用桑謂虞祭之末也左傳云祔而作主謂用主之初俱是喪主其義不異故異義公羊說虞而作主左氏說天子九虞十六日祔而作主謂喪主許慎謹案左氏說與禮同鄭氏不駁則是從左氏之義非是虞祭之日即作主也故此注云埋重之後乃作主也其卒哭之祭已用主也必知然者以卒哭日成事以吉祭易喪祭故知與虞異也○注殷人至埋之○正義曰知縣之廟者周主重徹焉明殷之作主重不徹焉主之與重本爲死者入廟重既不徹故知重隨死者縣於廟云去顯考乃埋之者謂今死者世世遞遷至爲顯考其重恒在死者去離顯考乃埋其重及主以其既遷無復有廟故顯考謂高祖也其遷早晚左氏以爲三年喪畢乃遷廟故僖三十三年左氏傳云烝嘗禘於廟杜服皆以爲三年禘祭乃遷此廟鄭則以爲練時則不禘而遷廟主故鄭注士虞禮以其班祔之下云練而遷廟又注鬯人廟用卣謂始禘時鄭必謂以練者以文二年作僖公主穀梁傳云於練焉壞廟壞廟之道易檐可也改

塗可也范范甯云親過高祖則毀其廟以次而遷將納新神故示有所加是鄭之所據其主之狀范八[1]云正方穿中央達四方天子長尺二寸諸侯長一尺○注周人至埋之○正義曰案既夕禮將葬甸人抗重出自道道左倚之鄭注云重既虞將埋之是鄭埋重於門外之道左也若虞主亦埋之於祖廟門外之道左案異義戴禮及公羊說虞主埋於壁兩楹之間一說埋之於廟北牖下左氏說虞主所藏無明文鄭駁之云案士喪禮重與柩相隨之禮柩將出則重倚於道左柩將入於廟則重止於門西虞主與神相隨之禮亦當然練時既特作栗主則入廟之時祝奉虞主於道左練祭訖乃出就虞主而埋之如既虞埋重於道左是鄭既練埋虞主於廟門之道左也

奠以素器以生者有哀素之心也哀素言哀痛無飾也凡物無飾曰素唯祭祀之禮主人自盡焉爾豈知神之所饗亦以主人有齊敬之心也哀則以素敬則以飾禮由人心而已○齊側皆反

〔疏〕奠以至心也○正義曰奠謂始死至葬之時祭名以其時無尸奠置於地故謂之奠也悉用素器者表主人有哀素之心既因用素表孝子哀素遂

論虞祭之後及卒哭練祥之祭故云此等祭祀之禮旣見親終於主人自盡致孝養之道焉爾豈知神之所饗須設此祭所以設之者亦以主人有齊敬之心若親存然故設祭亦如生存之有齊敬今死亦齊敬故云亦也○注哀則至以飾○正義曰哀則以素謂葬前敬則以飾謂虞後故士虞禮不用素器也知經中祭祀非尋常吉祭者以上下所論皆是喪事不應吉祭厠在其間其實吉祭主人亦有齊敬之心也

辟踊哀之至也有筭爲之節文也筭數也○辟踊婢亦反下音勇筭桑亂反

〔疏〕辟踊至文也○正義曰撫心爲辟跳躍爲踊孝子喪親哀慕至懣男踊女辟是哀痛之至極也若不裁限恐傷其性故辟踊有筭爲準節文章準節之數其事不一每一踊三跳三踊九跳都爲一節士舍死日三日而殯凡有三踊初死日襲襲而踊明日小斂小斂而踊又明日大斂大斂又踊凡三日爲三踊也大夫五踊舍死日四日而殯初死日一踊明日襲又一踊至三日小斂朝一踊至小斂時又一踊至四日大斂朝不踊當大斂時又一踊凡四日爲五踊諸侯七踊舍死日六日而殯初死日一明日襲又一至三日小斂朝一當小斂時又一四日無事一五日又一至六日朝不踊亦當大斂時又一凡六日七踊周禮王九踊舍死日

八日而殯死日一明日襲一其間二日爲二至五日小斂爲二其間二日又二至八日大斂則其朝不踊也大斂時又一凡八日九踊故云爲之節文也故雜記云公七踊大夫五踊士三踊鄭注云士小斂之朝不踊君大夫大斂之朝乃不踊是也

袒括髮變也慍哀之變也去飾去美也袒括髮去飾之甚也有所袒有所襲哀之節也

〔疏〕袒括至節也○正義曰言袒衣括髮者是孝子形貌之變也悲哀慍恚者是孝子哀情之變也去其尋常吉時服飾也者是去其華美也孝子去飾雖有多塗袒括髮者就去飾之中最爲甚也孝子悲哀理應常袒何以有所袒有所襲時者表明哀之限節哀甚則袒哀輕則襲

弁絰葛而葬與神交之道也

接神之道不可以純凶天子諸侯變服而葬冠素弁以葛爲環絰既虞卒哭乃服受服也雜記曰凡弁絰其衰侈袂○括觀闊反慍庾皇紆粉反積也又紆運反怨恚也徐又音鬱去羌呂反下及注去樂去桃茢並同衰七雷反侈昌氏反下彌世反

〔疏〕注接神至侈袂○正義曰葬時居喪著喪冠麻絰身服衰裳是純凶也又尋常弁絰以麻

爲環絰今乃去喪冠著素弁又加環絰用葛不以麻故云交。神之道不可以純凶云天子諸侯變服而葬者以下云有敬心焉以日月踰時故敬心乃生大夫與士三月而葬敬心未生故知天子諸侯也云冠素弁以葛爲環絰者素謂素帛爲弁故鄭注周禮司服云弁如爵弁而素不云麻是用素絹也以葛以弁絰連文故云葛環絰然則要帶猶用麻也云卒哭乃服受服也者以受服者無文故鄭解不定喪服注天子諸侯既虞大夫士卒哭乃受服此云卒哭乃受服是不定喪服以大夫以上卒哭與虞其月不同士虞與卒哭同在一月故解爲大夫以上既虞士卒哭受服皇氏云檀弓足。本當言既虞與喪服注會云卒哭者誤也引雜記其衰侈袂者證既服弁絰其衰亦改案喪服衰袂二尺二寸袪尺二寸則葬時更制其衰袂三尺三寸袪尺八寸是改喪服之衰也熊氏皇氏等並爲錫衰皇氏又引鄭說稱鄭冲云小記曰諸侯弔必皮弁錫衰則此弁絰之衰亦是弔服也案喪服改葬尚服緦麻今葬服錫衰其義疑也

有敬心焉

踰時衰衰而敬生敬則服有飾大夫士三月而葬未踰時○衰所追反

疏

注大夫至踰時○正義曰案鄭箴膏肓云人君殯數來日葬數往月大夫以上殯皆以來日數則大夫并死月四月而葬云未踰時者謂未踰一時假令四月而死

七月而葬是未踰越夏之一時也非如春秋之踰年也若以爲踰年言之則三月死至四月是亦踰時穀梁傳云古者行役不踰時豈三月行不至四月即須反故知不然也**周人弁而葬殷人冔而葬**周弁殷冔俱象祭冠而素禮同也○冔況甫反〔疏〕注周弁至同也○正義曰士冠禮周弁殷冔夏收王制云夏后氏收而祭殷人冔而祭周人弁而祭此弁既對冔故知俱象祭冠

歠主人主婦室老爲其病也君命食之也尊者奪人易也歠歠粥也○歠徐昌悅反一音常悅反爲其于僞反下注爲父母爲有凶爲人甚同食音嗣易以豉反粥之六反後同〔疏〕歠主至之也○正義曰此一節論尊者奪孝子情之法歠者親喪三日之後歠粥之時主人亡者之子主婦亡者之妻室老家之長相此三者並是大夫之家貴者爲其歠粥病困之故君必有命食蔬飯也若非三者雖復歠粥致疾病君不命食之以其賤故也其士之主人主婦君不命也喪大記主婦食蔬食謂既殯之後此主婦歠者謂未殯前故問喪云鄰里爲之糜粥以飲食之

反哭升堂反諸其所作也親所行禮之處○處昌慮反下同

主婦入于室反諸其所養也。親所饋食之處。養，徐羊尚反。〔疏〕反哭至養也。○正義曰：謂葬窆訖，反哭升於廟，所以升堂者，反復於親所行禮之處。行禮者，謂平生祭祀冠昏在於堂也。主婦反哭所以入於室，反復於親所饋食供養之處。此皆謂在廟也。故《既夕禮》「主人反哭，入，升自西階，東面」，鄭注云「反諸其所作也」。又云「主婦入于室」，注云「反諸其所養也」。下始云「遂適殯宮」，故知初反哭在廟也。下云「反哭之弔也」，亦謂在廟也。

反哭之弔也，哀之至也。反而亡焉，失之矣，於是爲甚。哀痛甚。殷既封而弔，周反哭而弔。封當爲窆。窆，下棺也。○封，依注音窆，彼驗反，下同。〔疏〕注封當至棺也。○正義曰：知非既封土爲壙者，以《既夕禮》實土三，主人拜鄉人，乃反哭。周既如此，明殷亦然，且殷既不爲壙，故知封當爲窆。

孔子曰：殷已慤，吾從周。慤者得哀之始，未見其甚。○慤，本又作殼，苦角反，注及後同。〔疏〕注慤者至其甚。○正義曰：廟是親之平生行禮之處，今反哭於廟，思想其親而不見，故悲哀爲甚。壙者非親存所在之處，今柩暫來至此，始有悲哀，未是甚極今弔者於此而來哀情質慤故云慤也葬於北方北首三代之達禮也之幽之故也。北方國北也。首手又反〔疏〕之幽之故也。正義曰上之訓往下之語助言葬於國北及北首者鬼神尚幽闇往詣幽冥故也殯時仍南首者孝子猶若其生不忍以神待之既封主人贈而祝宿虞尸贈以幣送死者於壙也於主人贈祝先歸〔疏〕既封至虞尸。正義曰既封謂葬已下棺鄭不破窆之字者從上可知也云主人贈而祝宿虞尸者謂主人以幣贈死者於壙之時祝先歸宿戒虞尸案既夕禮主人贈用制幣玄纁束帛也案士虞禮記云男男尸女女尸是虞有尸也既反哭主人與有司視虞牲日中將虞省其牲有司以几筵舍奠於墓左反日中而虞所使奠墓有司來歸乃虞也舍奠墓左爲父母形體在此禮其神也周禮冢人凡祭墓爲尸。舍奠音釋注同〔疏〕有司至而虞。正義曰此謂既窆之後事也有司脩虞之有司也几依神也筵坐神席也席敷陳曰筵舍釋也奠置也墓道鄉南以東爲左孝子先反脩虞故有司以几筵及祭饌置於墓左禮地神也言以父母形體所託故禮其地神以安之也反日中而虞者反謂所使奠墓左有司歸也虞者葬日還殯宮安神之祭名必用日中者是日時之正也士虞禮云日中而行事注云朝葬日中而虞君子舉事必用辰正也再虞三虞皆用質明案周人尚赤大事用日出故朝葬也○注所使至爲尸○正義曰鄭恐奠墓有司未歸即非虞祭故云奠墓有司來歸乃虞也必知歸始虞者以經云奠於墓左反日中而虞是奠墓者迴反日中而虞引周禮冢人凡祭墓爲尸者證葬畢奠墓案周禮冢人爲尸謂祈禱不同者以言凡祭墓凡者非一諸祭皆是

葬日虞弗忍一日離也弗忍其無所歸○離力智反下同**是月也以虞易奠**虞喪祭也**卒哭曰成事**既虞之後卒哭而祭其辭蓋曰哀薦成事成祭事也祭以吉爲成

【疏】注既虞至爲成○正義曰既虞虞祭之後至於卒哭其卒哭祭辭蓋曰成事所以稱蓋者以其士虞禮無文唯雜記及此有卒哭成事故鄭約之爲解又稱蓋以疑之以虞祭之時以其尚凶祭禮未成今既卒無時之哭唯有朝夕二哭漸就於吉故云成事祭以吉爲成故也其虞與卒哭尊卑不同案雜記士三月而葬是月而卒哭大夫三月而葬五

月而卒哭諸侯五月而葬七月而卒哭又。雜記云。內。此天子七月而葬九月而卒哭雜記又云諸侯七虞大夫五士三謂之虞者鄭注士虞禮云虞安也所以安神虞皆用柔日柔日者鄭注士虞禮云柔日陰陰取其靜最後一虞用剛日故士虞記云三虞卒哭他用剛日鄭注云用剛日剛日陽也陽取其動謂動而將祔廟也雜記云諸侯七虞然則天子九虞也士三虞卒哭同在一月初虞已葬日而用柔第二虞亦用柔日假令丁日葬葬日而虞則已日二虞後虞改用剛則庚日三虞也故鄭注士虞禮云士則庚日三虞三虞與卒哭相接則壬日卒哭也士虞禮云明日祔於祖父則祭明日祔也士之三虞用四日則大夫五虞當八日諸侯七虞當十二日天子九虞當十六日最後一虞與卒哭例同用剛日大夫以上卒哭者去虞相校兩月則虞祭既終不得與卒哭相接崔氏解既正禮得終其虞後卒哭之前剛日雖多不須設祭以正禮成也故此下云不忍一日未有所歸也謂不成正禮赴葬赴虞是也崔又一解虞後卒之前不可無祭亦以剛日接之恐此解非也

是日也以吉祭易喪祭 卒哭吉祭。易以豉反徐音亦

明日祔于祖父 祭告於其祖之廟。祔音附 **其變而之吉祭**

也比至於祔必於是日也接不忍一日末有所歸也末無也日有所用接之虞禮所謂他用剛日也其祭祝曰哀薦曰成事。比必利反〔疏〕其安。至也

正義曰上云虞卒哭及祔皆據得常正禮此經所云謂不得正禮故謂之變以其變常禮也所以有變者或時有迫促或事有忌諱未及葬期死而即葬者即喪服小記所云赴葬者赴虞者三月而后卒哭彼據士禮而言速葬速虞之後卒哭之前其日尚賒不可無祭謂之爲變其既虞之後變禮而之吉祭也之往也既虞往至吉祭其禮如何既虞比至於祔以來必於是日接謂於是三虞卒哭之間剛日而連接其祭謂恒用剛日所以恒用剛日接之者孝子不忍使親每一日之間無所歸依。注末無至成事。正義曰虞禮所謂他用剛日者此經所云變者虞禮謂之他也案士虞禮云三虞卒哭他用剛日哀薦曰。成事鄭注云他謂不及時而葬者喪服小記曰赴葬者赴虞者三月而后卒哭則虞與卒哭之間有祭事者亦用剛日其祭無名謂之他者假設言之耳如鄭此言虞禮謂之他此經謂之變其義一也皆據速葬速虞者而言之云其祭祝曰哀薦曰成事雖所行三事虞卒哭及他之下鄭意惟屬於他故引來爲注其依時葬及虞者後去卒哭雖

遠其間不復祭崔氏一解云雖依時葬虞後至卒哭仍以剛日接其義恐非也喪服小記云赴葬者據士故云三月而卒哭此經亦據士故云比至於祔必於是日也接若大夫以上赴葬赴虞之後爲接祭至常葬之月終虞之祭日乃止其祝亦稱哀薦云成事焉

殷練而祔周卒哭而祔孔子善殷期而神之人情○期音基

○君臨臣喪以巫祝桃茢執戈惡之也爲有凶邪之氣在側君聞大夫之喪去樂卒事而往未襲也其已襲則止巫去桃茢桃鬼所惡茢萑苕可埽不祥○茢音列徐音例杜預云黍穰也鄭注周禮云苕帚惡烏路反注及下注同凶邪似嗟反下注同萑音完苕大彫反○

所以異於生也生人無凶邪○

〔疏〕君臨至生也○正義曰此一節論君臨臣喪之禮君謂天子臣喪未襲之前君往臨弔則以巫執桃祝執茢又使小臣執戈所以然者惡其凶邪之氣必惡之者所以異於生人也若往臨生者但有執戈無巫祝執桃茢之事今有巫祝故云異於生也○注君聞至桃茢○正義曰君聞大夫之喪去樂卒事者昭十五年公羊傳文言而往未襲也是鄭意所加之言也公羊直云去樂卒事鄭必知往者以下云柳

莊之卒衛侯不脱祭服而往明其王有大臣之喪亦當然也以聞喪即往故知未襲也云已襲則止巫去桃茢者襲謂死之明日則止巫門外去桃茢祝代巫而入又小臣執戈鄭知然者案喪大記大夫之喪將大斂君往巫止于門外祝先入又云士喪禮亦如此又士喪禮大斂而往巫止于廟門外祝代之小臣二人執戈先二人後此皆大斂之時小斂及殯更無文明與大斂同直言巫止無桃茢之文喪大記雖記諸侯之禮明天子亦然故云已襲則止巫去桃茢也此經所云謂天子禮故鄭注士喪禮引檀弓云君臨臣喪以巫祝桃茢執戈以惡之所以異於生也皆天子禮也諸侯臨臣之喪則使祝代巫執茢居前下天子也以此言之知此文據天子禮也鄭注士喪禮云諸侯臨臣之喪則使祝代巫執茢亦謂未襲以前也若已襲之後茢亦去之與天子同是天子未襲之前臨臣之喪巫祝桃茢執戈三者並具諸侯臨臣喪未襲之前巫止祝執茢小臣執戈若既襲之後斂殯以來天子與諸侯同並巫止祝代之無桃茢案士喪禮君弔之時當大斂之節而鄭注云巫祝桃茢執戈天子禮也使祝代巫執茢諸侯禮也以當大斂之時而解為未襲前者以士喪禮未襲之前君無親弔今大斂君來巫止門外故鄭以未襲之前解天子諸侯之異必知襲後無桃茢者案喪大記大斂唯有巫止之文

無桃茢之事故注云此已襲則止巫去桃茢下云荆人使公親襚巫先拂柩時荆王以襄二十八年十二月死至明年正月則殯來已久得有始行襲禮巫先拂柩者彼云襲者謂加衣於殯非爲尸加衣故下云拂柩及左傳云袚殯而襚是旣殯也公以楚人無禮於已故公用天子未襲之前君臨臣喪之法以巫祝桃茢也

○喪有死之道焉言人之死有如鳥獸死之狀鳥獸之死人賤之先王之所難言也聖人不明說爲人甚惡之○難乃旦反【疏】喪有至言也○正義曰此一節論先王恐生者惡死者之事言人之喪也有如鳥獸死散之道焉先王之所難言死散之義若言其死散則人之所惡故難言也

○喪之朝也順死者之孝心也朝謂遷柩於廟○朝直遥反注及下皆同其哀離其室也故至於祖考之廟而后行殷朝而殯於祖周朝而遂葬【疏】喪之至遂葬○正義曰此一節論殷周死者朝廟之事喪之朝也者謂將葬前以柩朝廟者夫爲人子之禮出必告反必面以盡孝子之情今此所以車載柩而朝是順死者之孝

心也然朝廟之禮每廟皆朝故既夕禮云其二廟則饌於禰廟下云降柩如初適祖則天子諸侯以下每廟皆一日至遠祖之廟當日朝畢則爲祖祭至明日設遣奠而行○其哀離其室也者謂死者神靈悲哀棄離其室故至於祖考之廟辭而後行殷人尚質敬鬼神而遠之死則爲神故云朝而殯於祖廟周則尚文親雖亡殁故猶若存在不忍便以神事之故殯於路寢及朝廟遂葬夫子不論二代得失皆合當代之禮無所是非以此言之則周人不殯於廟按僖八年致哀姜左傳云不殯于廟則弗致也則正禮當殯於廟者服氏云不薨於寢寢謂小寢不殯於廟廟謂殯宫鬼神所在謂之廟鄭康成以爲春秋變周之文從殷之質故殯於廟杜預以爲不以殯朝廟未詳孰是

○孔子謂爲明器者知喪道矣備物而不可用也神與人異道則不相傷哀哉死者而用生者之器也不殆於用殉乎哉殆幾也殺人以衛死者曰殉用其器者漸幾於用人○殉辭俊反以人從死曰殉幾音祈又音機下同其曰明器神明之也神明死者異於生人塗車芻靈自古

有之芻靈束茅爲人馬謂之靈者神之類○芻初拘反明器之道也言與明器同

孔子謂爲芻靈者善謂爲俑者不仁殆於用人乎哉俑偶人也有面目機發有似於生人孔子善古而非周○俑音勇

【疏】孔子至乎哉○正義曰此一節皆記者録孔子之言善古非殷周之事故云孔子謂夏家爲明器者知死喪之道焉以孝子之事親不可闕故備其器物若似生存以鬼神異於人故物不可用孔子既論夏家之事是又言殷代之非故云可哀哉殷之送死者而用生者之祭器不殆於用生人爲殆乎哉殆近也謂近於用乎生人爲殉所以近者以生人食器而供死者似若用生人而殉死人故云近也既言殷代之事將言周代用偶人爲非禮故先言明器芻靈後論偶人之事故言其曰明器神明之也死者之物還可用塗車芻靈即明器之物一類自古帝王所制而有之此則豈不可爲用故云明器之道也記者記録孔子之言又說孔子臧否古今得失以其語更端故重言孔子謂古之爲芻靈者善謂周家爲俑者不仁不近於用生人乎哉言近於用生人所以近者謂刻木爲人而自發動與生人無異但無性靈智識故云近此云用人前言用殉

殉是已死之人形貌不動與器物相似故言用殉此云用人者謂用生人入壙今俑者形貌發動有類生人故云用人上文云塗車芻靈此不言塗車直云芻靈者以其束茅爲人與俑者相對故不取塗作車也○注俑偶至非周○正義曰謂造作形體偶類人形故史記有土偶人木偶人是也云孔子善古而非周者古謂周以前虞以後故上云虞氏瓦棺始不用薪明虞氏以來始有塗車芻靈言非周者謂周爲俑人如鄭康成之意則周初即用偶人故冢人職言鸞車象人司農注云象人謂以芻爲人康成注引此謂爲俑者不仁是象人即俑人也其餘車馬器物猶爲塗車芻靈故校人大喪飾遣車之馬及葬埋之鄭注云言埋之則是馬塗車之芻靈是偶人之外猶有塗車芻靈之制雖或用木無機械發動偶人謂之俑者皇氏云機械發動踊躍故謂之俑也

○穆公問於子思曰爲舊君反服古與仕焉而已者穆公魯哀公之曾孫○爲于僞反下爲君爲使人皆同與音餘下同子思曰古之君子進人以禮退人以禮故有舊君反服之禮也今之君子進人若將加諸膝

退人若將隊諸淵毋爲戎首不亦善乎又何反服之禮之有言放逐之臣不服舊君也爲兵主來攻伐曰戎首○膝音悉隊本又作墜直媿反

【疏】穆公至之有○正義曰此一節論不爲舊君著服之事○注仕焉至曾孫○正義曰案喪服齊衰三月章爲舊君凡有三條其一云爲舊君君之母妻傳云仕焉而已者也注云謂老若有廢疾而致仕者兼服其母妻其二大夫在外其妻長子爲舊國君注云在外待放已去者傳云妻言與民同也長子言未去也注云妻雖從夫而出古者大夫不外娶婦人歸宗往來猶民也長子去可以無服此則大夫身不爲服雖妻與長子爲舊君耳其三爲舊君注云大夫待放未去者傳曰大夫去君埽其宗廟言其以道去君而猶未絕也注云以道去君爲三諫不從待放於郊未絕者言爵祿尚有列於朝出入有詔於國若已絕則不服也以此言之凡舊君若年老致仕退歸在國不仕者身爲之服齊衰三月并各服其母妻也若三諫不從待放已去而絕者唯妻與長子服之已則無服若待放未去爵位未絕身及妻子皆爲之服然則去仕他國已絕之後不服舊君而雜記云違諸侯之大夫不反服則違諸侯之諸侯反服得爲舊君服者雜記所

云謂不便其居或辟仇讎有故不得在國者故孟子齊宣王問孟子云禮爲舊君有服何如斯可爲服矣孟子對曰諫行言聽膏澤下於民有故而去則君使人導之出疆送至彼國明其無罪其所往三年不反然後收其田里此之謂三有禮焉如此者得爲舊君反服矣與雜記同鄭注此云仕焉而已者取喪服第一條謂年老致仕在國者鄭必以第一條解之者以穆公所問爲舊君之反服宜問喪服正禮故以第一條致仕者解之其實亦兼三諫未絶及有故出在他國者故下子思云古之君子進人以禮退人以禮是也云穆公魯哀公之曾孫者案者案世本云哀公生悼公寧寧生元公嘉嘉生穆公不衍是也○注言放逐之臣不服舊君也○正義曰言放逐之臣者解經中今之君子進人退人不能以禮也如此者不服舊君謂三諫不從去而已絶及不能三諫辟罪逃亡言放者則宣元年晉放其大夫胥甲父于衛是也言逐者則春秋諸侯大夫言出奔是也

○悼公之喪季昭子問於孟敬子曰爲君何食悼公魯哀公之子昭子康子之曾孫名強敬子武伯之子名捷○捷在接反敬子曰食粥天下之達禮也吾三臣者之不能

居公室也四方莫不聞矣言鄰國皆知吾等不能居公室以臣禮事君也三臣仲孫叔孫季孫也勉而爲瘠則吾能毋乃使人疑夫不以情居瘠者乎哉我則食食存時不盡忠喪又不盡禮非也孔子曰喪事不敢不勉○瘠徐在益反夫音扶食食上如字下音嗣○衞司徒敬子死司徒官氏公子許之後子夏弔焉主人未小斂絰而往子游弔焉主人既小斂子游出絰反哭皆以朋友之禮往而異

二八 子夏曰聞之也與曰聞諸夫子主人未改服則不絰【疏】衞司至不絰○正義曰此一節論弔者主人改服乃改服之事○注皆以至人異○正義曰此雖云絰鄭知是朋友者凡弔者主人成服則客乃服弔絰今此隨主人主人始小斂未成服而已便出著絰故知有緦之恩隨主人變如五服親也又至小斂出絰反哭與子游前裼裘弔朋友同也前子游云帶絰故知是

朋友此下不云帶知是朋友者凡弔則應弁絰環絰之屬也此雖不云帶凡單云絰則知有帶猶如喪服云苴絰檀弓爲師二三子皆絰而出及朋友羣居則絰皆是包帶之文也○曾子曰晏子可謂知禮也已恭敬之有焉言禮者敬而已矣有若曰晏子一狐裘三十年遣車一乘及墓而反國君七个遣車七乘大夫五个遣車五乘晏子焉知禮言其大儉偪下非之及墓而反言其既窆則歸不留賓客有事也人臣賜車馬者乃得有遣車遣車之差大夫五諸侯七則天子九諸侯不以命數喪數略也个謂所包遣奠牲體之數也雜記曰遣車視牢具○遣弃戰反乘繩證反个古賀反焉於虔反大音泰或他佐反偪音逼本或作逼包伯交反曾子曰國無道君子恥盈禮焉國奢則示之以儉國儉則示之以禮時齊方奢矯之是也【疏】曾子至以禮○正義曰此一節論晏子故爲非禮以矯齊之事○有子者孔子弟子有若

也聞曾子說晏子知禮故舉晏子不知禮之事以拒曾子也
狐裘貴在輕新而晏子一狐裘三十年是儉不知禮也遣車
一乘者其父晏桓子是大夫大夫遣車五乘其葬父唯用一
乘又是儉失禮也○及墓而反者及墓謂葬時也禮窆後孝
子贈幣辭親辭親畢而親情賓客應是送別別竟乃反于時
晏子窆竟則反賓客竝去又是儉失禮也○國君七个遣車
七乘大夫五个遣車五乘者此更舉正禮以證晏子失禮也
个謂所包遣奠牲體臂臑也折為七段五段以七乘五乘遣
車載之今晏子略不從禮數是不知也○晏子焉知禮者條
失事已竟故此并結晏子焉知禮也○注言其至非之○正
義曰大儉解三十年一狐裘并及墓而反也偪下解一乘也
下謂其予及凡在已下者也大夫五乘適予三乘今其父自
用一乘則其予更無是偪下也○注及墓至窆具○正義曰
經唯云及墓而反鄭知不以及墓而反而云既窆則歸者晏
子雖為儉約不應柩未入壙則歸故云既窆也云不留賓客
有事也者案既夕禮乃窆主人哭踊無筭襲贈用制幣玄纁
束拜稽顙踊如初卒袒拜賓主婦亦拜賓賓出則拜送藏器
於旁加見藏苞筲於旁。加杭席覆之加杭木實土三主人拜
鄉人乃反哭今晏子既窆贈幣拜稽顙踊訖則還不復拜賓
及送賓之事故云不留賓客有事也云人臣賜車馬者乃得

有遺車者。案士喪禮無遺車諸侯之士一命曲禮云三賜不及車馬故諸侯之士無遺車也若諸侯大夫雖未三命以其位尊故得有遺車知天子遣車九乘者案雜記諸侯七月而卒哭天子則九月而卒哭今諸侯七乘故知天子九乘也云諸侯不以命數喪數略也者案大行人上公九乘侯伯七乘子男五乘今摠云七乘是不以命數喪事略也引雜記云遣車視牢具者以證經个與遣車數同故云个是牢具也故雜記注云天子大牢包九个諸侯亦大牢包七个大夫亦大牢包五个士少牢包三个案既夕禮苞牲取下體鄭注前脛折取臂臑後脛折取骼是一牲取三體士少牢二牲則六體也分爲三个一个有二體然大夫以上皆用大牢牲有三體凡九體大夫九體分爲十五段三段爲一包凡爲五包諸侯分爲二十一段凡七包天子分爲二十七段凡九包葢尊者所取三體其肉多卑者雖取三體其肉少鄭又云天子遣奠用馬牲其取个未詳也此遣奠所包皆用左胖以其喪禮反吉士虞禮載左胖也○國昭子之母死問於子張曰葬及墓男子婦人安位國昭子齊大夫子張曰司徒敬子之喪夫子相男子西鄉婦人東鄉夾羑道爲位夫子孔子也。相息亮反下注同鄉許亮反下皆同俠古洽反一音頰羑徐音賤音義隱云羑車道曰噫毋噫不寤之聲毋禁止之辭。噫本又作意同于其反毋音無曰我喪也斯沾斯盡也沾讀曰覘覘視也國昭子自謂齊之大家有事人盡視之欲人觀之法其所爲。斯音賜沾依注音覘勑廉反爾專之賓爲賓焉主爲主焉專猶司也時子張相婦人從男子皆西鄉非也【疏】國昭至西鄉。正義曰此一節論葬之在壙男女面位之事。曰噫毋者止子張也子張既相以男子西鄉婦人東鄉而昭子不悟禮意乃曰噫毋得如是男子西鄉婦人東鄉既止子張又自言我居喪也既是齊之大家斯盡也人盡來覘視於我當須一更爲別禮豈得以依舊禮專猶同也爾當同此婦人與男子一處若婦女之賓爲賓位焉與男子之賓同處婦女之主爲主位焉與男子之主同處於是昭子家婦人從男子皆西鄉同在主位賓之男子及賓之婦人皆西廂東鄉言非也。○穆伯之喪敬姜晝哭文伯之喪晝夜哭孔子曰知禮矣喪夫不夜哭嫌思情性也文伯之喪敬姜據其牀而不哭曰昔者吾有斯子也吾以將爲賢人也蓋見其有才藝吾未嘗以就公室未嘗與到公室觀其行也季氏魯之宗卿敬姜有會見之禮。行下孟反見賢遍反下文不敢見同今及其死也朋友諸臣未有出涕者而內人皆行哭失聲斯子也必多曠於禮矣夫內人妻妾。夫音扶下同本亦有無夫字者

【疏】穆伯至矣夫。正義曰此一節論喪夫不夜哭并毋知子賢愚之事。斯子也必多曠於禮矣夫。正義曰斯此也曠猶疏薄也言此子平生爲行必疏薄於賓客朋友之禮故賓客朋友未有感戀爲之出涕者此不哭者謂暫時不哭故上云晝夜哭是也案家語云文伯歜卒其妻妾皆行哭失聲敬姜戒之曰吾聞好外者士死之好內者女死之今吾子早夭吾惡其好內聞也二三婦共祭祀者無加服孔子聞之曰女智莫若公父氏之婦知禮矣與此不同者彼戒婦人而成子之德此論子之惡

各舉一邊相包乃具○季康子之母死陳褻衣褻衣非上服陳之將以斂敬姜曰婦人不飾不敢見舅姑將有四方之賓來褻衣何爲陳於斯命徹之言四方之賓嚴於舅姑敬姜者康子從祖母○從才用反【疏】注敬姜者康子從祖母○正義曰案世本悼子紇生平子意如意如生桓子斯斯生康子肥世本又云悼子紇生穆伯靖靖與意如是親兄弟意如是康子祖穆伯是康子祖之兄弟敬姜是穆伯之妻故云康子從祖母也○有子與子游立見孺子慕者有子謂子游曰予壹不知夫喪之踊也予欲去之久矣情在於斯其是也夫喪之踊猶孺子之號慕○去羌呂反號戶刀反子游曰禮有微情者節哭踊有以故興物者衰絰之制有直情而徑行者戎狄之道也哭踊無節衣服無制○徑古定

反禮道則不然與戎狄異人喜則斯陶陶鬱陶也。陶徒刀反陶斯咏咏謳也。咏音詠謳本亦作嘔烏侯反咏斯猶猶當爲搖聲之誤也搖謂身動搖也秦人猶搖聲相近。猶依注作搖音遥近附近之近猶斯舞手舞之舞斯慍慍猶怒也慍斯戚戚憤恚。慍斯戚紆運反此喜怒哀樂相對本或於此句上有舞斯慍一句并注皆衍文憤扶粉反恚一瑞反戚斯歎歎吟息。吟本或作唫魚金反歎斯辟辟拊心。辟婢亦反撫心也辟斯踊矣踊躍。躍羊灼反品節斯斯之謂禮舞踊皆有節乃成禮人死斯惡之矣無能也斯倍之矣無能心謂之無所復能。惡烏路反倍音佩下同復扶又反是故制絞衾設蔞翣爲使人勿惡也。絞衾尸之飾蔞翣棺之牆飾周禮蔞作柳。絞衾戶交反下音欽蔞音柳翣所甲反始死脯醢之奠將行遣而行之既葬而食之將行將葬也葬有遺奠食反虞之祭。食音嗣注同謂虞祭也。未有見其饗之者也自上世以來未之有舍也爲使人勿倍也。舍猶廢也○舍音捨注同故子之所刺於禮者亦非禮之訾也。訾病也○訾似斯反

【疏】有子至訾也。正義曰此一節論子游言制禮有節之事。有子與子游同立見孺子號慕者有子謂子游曰予壹不知夫喪之踊也言我專壹不知夫喪之踊也何須有節直似孺子慕者其事足矣予欲云此踊節其意久矣斯此也言孝子之情在於此小兒直號慕而已其是也夫但如小兒其事即是何須爲哭踊之節子游乃對之曰禮有微情者微殺也言若賢者喪親必致滅性故制使三日而食哭踊有數以殺其內情使之俯就也何胥云哭踊之情必發於內謂之微微者不見也。有以故興物者興起也物謂衰經也若不肖之屬本無哀情故爲衰經使其覩服思哀起情企及也引由外來故云興物也然衰經之用一則爲孝子至痛之飾二則使不肖之人企及今止說興物以對微情之故有直情而徑行者戎狄之道也謂直肆已情而徑行之也無哭踊節制乃是戎狄之道。禮道則不然者然猶如是也言中

國禮道則不如是夷狄也○人喜則斯陶者為明踊次節而踊由心哀故此以下極言哀樂之本也喜者外竟會心之謂也斯語助也陶者鬱陶鬱陶者心初悅而未暢之意也言人若外竟會心則懷抱欣悅但始發俄爾則鬱陶未暢故云斯陶也爾雅云鬱陶繇喜也何胤云陶懷喜未暢意也孟子曰鬱陶以思君○陶斯咏者咏歌咏也鬱陶情轉暢故口歌咏之也○咏斯猶者搖動身也咏歌不足漸至自搖動身體也猶斯舞者舞起舞也搖身不足乃至起舞足蹈手揚樂之極也○舞斯慍者慍怒也外竟違心之謂也凡喜怒相對哀樂相生故若舞而無節形疲厭倦事與心違故所以怒生怒生由於舞極故云舞斯慍也故曲禮云樂不可極即此謂也何胤云樂終則慍起非始之慍相連繫也○慍斯戚者戚憤恚也怒來戚心故憤恚起也此句對喜斯陶也○戚斯歎者歎吟息也憤恚轉深故因發吟息也此句對陶斯咏○歎斯辟者辟撫心也歎息不泄故至撫心也此句對咏斯猶○辟斯踊矣者撫心不泄乃至跳踊奮擊亦哀之極也此句對猶斯舞也○品節斯斯之謂禮者品階格也節制斷也斯此也此之謂於哀樂也若喜而不節自陶至舞俄傾不慍生若怒而不節從戚至踊踊極則笑故夷狄無禮朝殞夕歌童兒任情倏啼欸笑今若品節此二途使踊舞有數有數則久長故云

此之謂禮如鄭此禮本云舞斯慍者凡有九句首末各四正明哀樂相對中央舞斯慍一句是哀樂相生故一句之中有舞及慍也而鄭諸本亦有無舞斯慍一句者取義不同而鄭又一本云舞斯蹈蹈斯慍益於一句凡有十句當是後人所加耳亦不得對而盧禮本亦有舞斯慍之一句而王禮本又長云人喜則斯循循斯陶既與盧鄭不同亦當新足耳○人死斯惡之矣者以上明辟踊之節以下明飾喪以奠祭之事人死斯惡之者以人身既死形體腐敗故惡之故倍之以其恐人惡之故制絞紟衾設蔞翣以飾之故使人勿惡也以其恐倍之故始死設脯醢之奠以至於葬將行之又設遣奠而行送之既葬反哭設虞祭以食之雖設奠祭未曾見其死者而饗食之也既不饗食自上世以來未之有舍此奠祭而不為者也所以設奠祭者為使人勿倍其親故也禮意既然不可無節故子之所譏刺於禮有踊節者亦非禮之病害也言哭踊有節正是禮之所宜非禮之病上有若見孺子之慕譏哭踊有節不譏絞衾奠祭之事子游祇應荅以辟踊即止今更陳絞衾脯醢之事者以有若之意欲直同孺子生者不節其哀死者不加其飾故子游既言生節哀遂說死者加飾備言禮之節制與夷狄不同也

○吳侵陳斬祀殺厲 祀神位有屋樹者厲疫病吳侵陳以

魯哀元年秋　師還出竟陳大宰嚭使於師夫差
○疫音役　謂行人儀曰是夫也多言盍嘗問焉師必有
名人之稱斯師也者則謂之何　大宰行人官名也夫差吳子光之子
盍何不也嘗猶試也夫差修舊怨庶幾其師有善名○還音
旋竟音境大音泰注及下文注大宰大師大史大廟大傅皆
同嚭普彼反使色吏反夫差音扶下　大宰嚭曰古之侵
初佳反吳王名闔廬子盍戶臘反
伐者不斬祀不殺厲不獲二毛　獲謂係虜之二毛鬢髮斑白○斑伯
山反本又作頒音同　今斯師也殺厲與其不謂之殺厲之
師與　欲微切之故其言似若不審然○正言殺厲重人○與音餘下及注有此與同
歸爾子則謂之何　子謂所獲民臣　曰君王討敝邑之罪
又矜而赦之師與有無名乎　又微勸之終其意吳楚僭號稱王　疏

吳侵至名乎○正義曰○此一節明征伐不合斬祀殺厲之事
各依文解之○注吳侵至年秋○正義曰知者案左傳吳伐
楚使召陳懷公懷公朝國人而問焉曰欲與楚者右欲與吳
者左陳人有田從田無田從黨逢滑當公而進曰楚未可棄
吳未可從陳懷公遂不從吳子光之召至今夫差克越乃脩
先君之怨秋八月吳侵陳脩舊怨是其事案哀六年吳伐陳
鄭知非六年者稱伐不云侵哀元年經雖不見傳云吳侵陳
與此文同俱云侵故爲哀元年○夫差至之何○夫差既見
陳大宰嚭來謂行人之官名儀曰是夫也多言夫謂大宰嚭
吉是大宰嚭也博聞彊識多有所言盍何不也嘗試也何不
試就問焉我脩先君之怨而典此師必有善名在外衆人稱
此師也則謂之何欲令行人儀以此辭而問大宰嚭也○注
大宰至之子○正義曰據周禮有大宰卿一人又有大小行
人故知大宰及行人皆官名此大宰嚭與吳大宰嚭名號同
而人異也云夫差吳子光之子者世本及吳世家文也○古
之侵伐者不斬祀不殺厲不獲二毛○此謂以至勝攻至暴
用兵如此若兩軍相敵則不然左傳云雖及胡耇獲則取之
大宰嚭特舉古之善以駭吳師之惡○注正言殺厲重人○
正義曰以其殺人故重於斬祀若其不殺直拘囚人而已則
輕也故穀梁傳云苞人民歐○牛馬曰侵斬樹木壞宮室曰伐

是侵輕而伐重也。師與有無名乎者既反地歸子其事既善師豈有無善名乎言必有善名也與是語辭。注又微勸之終其意。正義曰上以微切之謂譏斬祀殺厲今復勸之反地歸子故言又也因吳王反地歸子則云師有善名是微勸之也終其意者上譏切斬祀及殺厲是初有其意欲吳哀矜既得吳哀矜則云師有善名是終竟其欲哀矜之意○

顏丁善居喪顏丁魯人**始死皇皇焉如有求而弗得及殯望望焉如有從而弗及既葬慨焉如不及其反而息**從隨也既憊貌。慨皆愛反憊皮拜反

疏 顏丁至而息○正義曰此一節論孝子居喪哀殺有漸之事。始死皇皇焉如有求而弗得者皇皇猶彷徨如所求物不得上檀弓云始死充充如有窮謂形貌窮屈亦彷徨求而不得之心彼此各舉其一。及殯望望焉如有從而弗及者謂殯後容貌望望焉如有從逐人後行而不及之。上檀弓云既殯瞿瞿如有求而不得與此亦同也但始死據內心所求殯後據外貌所求故此經始死求而不得據內心也上檀弓云既殯求而不得據外貌也。既葬慨焉如不及者謂既葬之後中心悲慨然如不復所及

既不可及。其反而息者。上殯後云從而不及似有可及之理既既葬慨焉如不及謂不復可及所以文異也上檀弓云既葬皇皇如有望而不至此謂既葬慨焉如不及亦同也此始死皇皇皇者是皇皇之甚故云如有求而弗得上檀弓云既葬皇皇是輕故云望而不至此既葬則止不說練祥故葬後則慨然上檀弓葬後更說練祥故云練而慨然祥而廓然但親之死亡哀悼在心初則爲甚已後漸輕皆有求而不得望而不及但所據有淺深耳殯後雖據外貌亦猶哀在内心但稍輕耳故鄭注上檀弓云皆哀悼在心之貌

○子張問曰書云高宗三年不言言乃讙有諸時人君無行三年之喪禮者問有此與怪之也讙喜說也言乃喜說則民臣望其言久。讙音歡說音悅下同仲尼曰胡爲其不然也古者天子崩王世子聽於冢宰三年冢宰天官卿貳王事者三年之喪使之聽朝

〔疏〕子張至三年。○正義曰此一節論世子遭喪冢宰聽政之事。○言乃讙者尚書無逸云言乃雍雍讙字相近義得兩通故鄭隨而解之

○知悼子卒未葬悼子晉大夫荀盈魯昭九

年卒。知音智下同平公飲酒與羣臣燕平公晉侯彪。彪彼虯反師曠李調侍侍與君飲也燕禮記曰請旅侍臣。李調如字左傳作外嬖嬖叔鼓鐘樂作也燕禮賓入門奏肆夏既獻而樂闋獻君亦如之。闋古穴反止也杜蕢自外來聞鐘聲曰安在怪之也杜蕢或作屠蒯。蕢古怪反注蒯同屠音徒曰在寢燕於寢杜蕢入寢歷階而升酌曰曠飲斯又酌曰調飲斯又酌堂上北面坐飲之降趨而出三酌皆罰。曠飲於鴆反下飲斯飲之飲曠飲調飲寡人皆同平公呼而進之曰蕢曩者爾心或開予是以不與爾言曩曏也謂始來入時開謂諫爭有所發起。曩乃黨反嚮本亦作鄉同許亮反爭爭鬭之爭爾飲曠何也曰子卯不樂紂以甲子死桀以乙卯亡王者謂之疾日不以舉樂爲吉事所以自戒懼。子卯不樂如字賈逵云桀以乙卯日死受以甲子日亡故以爲戒鄭同漢書翼奉說則不然。張晏云子刑卯卯刑子相刑之日故以爲忌而云夏殷亡日不推湯武以興乎疾日人一反知悼子在堂斯其爲子卯也大矣言大臣喪重於疾日也雜記曰君於卿大夫比葬不食肉比卒哭不舉樂。比必利反下同。曠也大師也不以詔是以飲之也詔告也大師典奏樂爾飲調何也曰調也君之褻臣也爲一飲一食亡君之疾是以飲之也言調貪酒食褻嬖也近臣亦當規君疾憂。爲于僞反嬖必計反爾飲何也曰蕢也宰夫也非刀匕是共又敢與知防是以飲之也防禁放溢。匕必李反共音供與音預防音房又扶放反平公曰寡人亦有過焉酌而飲寡人聞義則服杜蕢洗而揚觶舉爵於君也禮揚作騰揚舉也騰送也揚近得之。觶之豉反字林音支又云酒器近附近之近下聲相近同公謂侍

者曰如我死則必無廢斯爵也欲後世以爲戒至于今既畢獻斯揚觶謂之杜舉此爵遂因杜蕢爲名畢獻獻賓與君

疏知悼至杜舉。正義曰此一節論君有大臣之喪不得有作樂飲酒之事各依文解之。注悼子至年卒。正義曰並左傳文下注云平公晉侯彪亦春秋文。注燕禮記曰請旅侍臣。正義曰案燕禮記云凡公所酬既拜請旅侍臣謂公既酬臣臣受酬者既拜謝公恩請行旅酬於侍臣引之者證師曠李調是侍飲之臣也鼓鐘鼓猶奏也謂燕奏鐘樂也。注燕禮至如之。正義曰案燕禮記云若以樂納賓則賓及庭奏肆夏賓拜酒主人荅拜而樂闋是賓入門奏肆夏既獻而樂闋燕禮記又云公拜受爵而奏肆夏公卒爵主人升受爵以下而樂闋是獻君亦如之經唯云鼓鐘燕禮云若舞則勺知非工入升歌下管間歌合樂之後無時奏鐘必以爲賓初入門奏肆夏也以鐘師云以鐘鼓奏九夏故知聞鐘是初奏肆夏也。注杜蕢或作屠蒯。正義曰春秋作屠蒯故云或作屠蒯杜蕢屠蒯聲相近故禮傳不同也。注燕於寢。正義曰燕禮記云燕朝服於寢故知燕於寢也。曰蕢至爾言曩鄉也平公呼蕢而進之呼其名曰蕢曩者汝酌三酌是汝之心或開發於予予望汝。有諫是以不與汝言。注紂以甲子死桀以乙卯亡。予正義曰案尚書時甲子昧爽武王朝至于商郊又史記云兵敗紂自焚而死是紂甲子死也案昭十八年二月乙卯周毛得殺毛伯過而代之萇弘曰毛得必亡是昆吾稔之日也詩云韋顧既伐昆吾夏桀同誅昆吾既乙卯而亡明桀亦以乙卯被放也。鄭司農注春秋以爲五行子卯自刑非鄭義也今所不用也。斯其爲子卯也大矣者言悼子喪在堂此比其爲子卯之忌大矣言悼子之喪大於子卯。爲一飲一食忘君之疾是以飲之也者調是君之變褻之臣而當規正君過唯欲行燕會貪求一飲一食忘君違禮之疾而不諫是以飲之。非刀匕是共又敢與知防者蕢言調是君之變褻臣也當規正君憂疾言已身是宰夫亦當規正於君若非因刀匕是共又敢與知防諫之事皇氏云非不也杜蕢言各憂其事宰夫不以刀匕是共乃又敢與諫爭越官侵職是以飲也。注舉爵至得之。正義曰知揚觶是舉爵於君以上云平公曰寡人亦有過焉酌而飲寡人即云杜蕢洗而揚觶故知舉爵於君案燕禮獻君之後行酬之初媵爵者洗象觶升實之序進坐奠于薦南是舉爵於君也揚作媵者謂燕禮大射凡舉爵皆爲媵此云揚觶鄭云揚舉也燕禮云媵故鄭云媵送也揚騰義得兩通但此云杜舉揚訓爲舉故揚近得之此謂舉爲得也。公謂至杜舉。公謂侍者云我死之後則必無廢棄此爵恒當留之爲後鑒戒當時在未獻之前故又語侍者云至于今既畢獻之後此所揚之觶是謂之杜舉表明此爵實杜蕢所舉。注畢獻獻賓與君。正義曰知獻君與賓者與杜蕢此事舉爵在燕禮之初賓主既入得杜蕢之言不可即廢唯獻君與賓燕事則止皇氏以爲至於今謂記錄之人至於今爲記之時謂之杜舉春秋云晉侯飲酒樂膳宰屠蒯趨入請佐公使尊許之而遂酌以飲工曰女爲君耳將司聰也辰在子卯謂之疾日君徹宴樂學人舍業爲疾故也君之卿佐是謂股肱股肱或虧何痛如之女弗聞而樂是不聰也又飲外嬖嬖叔曰女爲君目將司明也服以旌禮禮以行事事有其物物有其容今君之容非其物也而女不見是不明也亦自飲曰味以行氣氣以實志志以定言言以出令臣實司味二御失官而君弗命臣之罪也案春秋與此小異亦所聞不同或二文互相足也

附釋音禮記注疏卷第九

江西南昌府學栞

禮記注疏卷九挍勘記

阮元撰盧宣旬摘録

附釋音禮記注疏卷第九 惠棟挍宋本禮記正義卷第十二

檀弓下第四

君之適長殤節

大功之殤小從上 閩監毛本同惠棟挍宋本小作中宋監本岳本嘉靖本同考文引古本足利本同案作中是也正義可證

君之至一乘 惠棟挍宋本無此五字

及天子中士下士也 閩監毛本作天此本天誤大

文主天子大夫 監毛本作主衞氏集説同此本主誤王閩本同下文主諸侯之士同

上公饗餼九牢 閩監毛本作牢此本誤年

嫡與稱公　閩監毛本同惠棟挍宋本與作亦

公之喪節

公之至長杖　惠棟挍宋本無此五字

君於大夫節

君於至如之　惠棟挍宋本無此五字

至平生待賓客次舍之處　閩監毛本作賓此本賓誤殯

十有二步之嫌　閩監毛本同考文引宋板十有作有十

五十無車者節

五十至弔人　惠棟挍宋本無此五字

所以時不許越疆而弔人者　閩監毛本同惠棟挍宋本時作特

恐增哀恐 閩監毛本同惠棟挍宋本下恐作惡衛氏集説同

季武子寢疾節

明已不與也 閩監毛本同岳本同嘉靖本同惠棟挍宋本已作己是也衛氏集説同宋監本亦作己

季武至而歌 惠棟挍宋本無此五字

論季武子無禮蟜固正之事 閩監毛本同衛氏集説無禮作强僭

故此著齊衰入大夫之門 閩監毛本同考文引宋板無齊字衛氏集説作著衰入大夫之門亦無齊字

彼文點字作箴 閩本同監本作蔵毛本誤蔵

大夫弔節

辭猶告也 閩本同岳本同嘉靖本同衛氏集説同惠棟挍宋本同宋監本同考文引古本足利本同監毛

本合誤去

大夫至受弔　惠棟按宋本無此五字

時來弔襚不出　閩監本同毛本時誤待與儀禮士喪禮注不合考文引宋板作時

及喪家典舍之人　閩本同惠棟按宋本同衛氏集說同監毛本舍誤含

當特弔於家　閩本同惠棟按宋本同衛氏集說同監毛本特誤時

妻之昆弟節

妻之至哭之　惠棟按宋本無此五字

禮女子適人者　惠棟按宋本同衛氏集說同閩監毛本子字重○按重子字是也

爲昆弟爲父後者不降　衛氏集說同閩監毛本弟下有之字與儀禮喪服合

冠尊不居肉袒上　衛氏集說同宋本亦同閩監毛本祖下有之字考文云宋板肉作內誤

必先免故凡哭哀則踊 惠棟挍宋本同閩監毛本必先免作必先去冠而加免非

述所哭之由 惠棟挍宋本作由衛氏集說同此本由誤市閩監毛本作事非也

申祥之哭言思 閩監本同衛氏集說同毛本祥作詳

子張死節

子張至與哉 惠棟挍宋本無此五字

以其至非之 閩監毛本同惠棟挍宋本作以其無服非之

有若之喪節

有若至由左 惠棟挍宋本無此五字

則惟賓主居右 閩監毛本同考文引宋板惟作推衛氏集說作則推賓居右續通解同

齊穀王姬之喪節

齊穀至之服惠棟挍宋本無此五字

爲齊桓公夫人閩監毛本作桓此本桓作相下非齊桓公夫人者同

喪服大功章閩監毛本同惠棟挍宋本喪上有案字

案服小記云閩本同惠棟挍宋本案下有喪字此本喪字脫耳監毛本改案作喪非也

晉獻公之喪節

亡國恒於斯得國恒於斯閩毛本同石經同監本作恒岳本作恒嘉靖本作恒衛氏集說同

雖吾子儼然在憂服之中閩監毛本同岳本同嘉靖本同衛氏集說同石經儼字闕釋文出嚴然云本亦作儼正義本作儼

孺穉也岳本同嘉靖本同閩監毛本穉作稺衛氏集說同釋文出稺也云本又作稚考文引古本作孺猶稺也○按稺稚古今字

疏晉獻至君義　此節疏在以辱君義之下閩監毛本同惠棟挍宋本無此五字云晉獻至君義疏文一則在下節則遠利也之下

他志謂私心　此五字在起而不私之下惠棟挍宋本同岳本同嘉靖本同閩監毛本移置上以辱君義之下又私字惠棟挍宋本作利宋監本同岳本同考文引古本足利本同續通解同

稽顙至遠利也　惠棟挍宋本無此六字

埽除宗廟定社稷　惠棟挍宋本作埽除此本埽除誤婦祭閩監毛本誤歸祭按考文但云宋板歸作埽不云祭作除非

帷殯節

帷殯至始也　惠棟挍宋本無此五字

案張逸荅陳鏗云　閩本同惠棟挍宋本同監毛本鏗誤鑑

喪禮節惠棟按云喪禮節復盡愛節拜稽顙節飯用節銘明旌節奠以節辟踊節袒括節弁絰節有敬節斂主人節反哭節反哭之弔節孔子節葬於節既封節既反哭節葬日節是日節殷練節宋本合爲一節

喪禮至者也惠棟按宋本無此五字

復盡愛之道也節

禮復者升屋北面此本此下與釋文相接處脫一○

復盡至義也惠棟按宋本無此五字

拜稽顙節

稽顙者觸地無容閩監毛本同岳本同衞氏集說同嘉靖本者作首考文引古本容作咎下有也字按咎字非也

正義曰孝子拜賓之時　惠棟挍宋本無正義曰三字

飯用米貝節

飯用米貝　閩監毛本作貝石經同岳本同嘉靖本同衛氏集說同此本貝誤具注疏同

正義曰死者既無所知　惠棟挍宋本無正義曰三字

故用米美善焉爾　閩監毛本同浦鏜挍米下補貝字

祝淅米于堂　閩監毛本作淅此本淅誤浙

祝受米奠于貝北　閩監毛本作貝北此本貝北誤具此

故士喪禮云稻米一豆　閩監毛本作云此本誤元

大喪共飯玉含玉　閩監毛本如此衛氏集說同此本上玉誤王

何休注公羊云　閩監毛本如此此本云字誤在公上盧文弨挍删云字疑依北宋本

大夫以碧　閩監毛本碧作璧盧文弨云本書作大夫以碧

又禮緯稽命徵　閩本同考文引宋板同監本徵誤徵毛本同脫緯字

含以貝　閩監毛本作以貝此本以貝誤此具

銘明旌也節

神明之精　閩監毛本同嘉靖本同惠棟挍宋本精作旌宋監本岳本同衛氏集說同考文引足利本同

不可別形貌不見　惠棟挍宋本岳本宋監本嘉靖本同閩監毛本可誤見衛氏集說作不可別謂形貌不見也考文引古本足利本亦作不可別

謂重與奠　閩監毛本岳本同嘉靖本同衛氏集說同釋文出重與奠也云本作重與奠與考文引古本謂重與奠下有也字正義云故云重與奠也疑正義本與釋文本本同無謂字有也字

虞主用桑　閩監毛本作用岳本同嘉靖本同衛氏集說同此本用誤羽

周主重徹焉　閩監毛本同石經同岳本同嘉靖本同衛氏集說同石經考文提要云坊本重徹二字倒置案陳澔集說本作徹重誤也宋大字本宋本九經南宋巾箱本余仁仲劉叔剛本俱作重徹

銘明至徹焉　閩監毛本同惠棟按宋本作銘明旌也

正義曰按士喪禮　惠棟按宋本無上三字

愛之斯錄之矣　閩監毛本同惠棟按宋本無此六字

亦得總焉於明旌之義　閩監毛本同衛氏集說作亦得總爲明旌之義

以解節旌　閩監毛本同惠棟按宋本節作銘是也

猶若吉祭木主之道　閩監本同毛本木誤本衛氏集說亦作木考文引宋板同

春秋孔悝爲祏主　監毛本如此此本悝誤理祏誤祐閩本祏亦誤祐

重與祔相近　閩監毛本祔作袝

謂虞祭之末也○　閩監毛本作祭此本誤際

俱是喪主　閩監毛本同惠棟挍宋本喪作桑

祔而作主謂喪主　閩監毛本同惠棟挍宋本喪作桑

以卒哭日成事　閩監毛本同考文引宋板日作曰

故顯考謂高祖也　閩監毛本同浦鏜云故衍字

其主之狀范人云　閩監毛本同惠棟挍宋本人作甯

　奠以素器節

正義曰奠謂始死至葬之特　惠棟挍宋本無正義曰三字

遂論虞祭之後　閩監毛本同惠棟挍宋本論上有虞字衞氏集說同

於主人自盡致孝養之道焉爾　閩監毛本同惠棟挍宋本無於字

哀則至以飾　閩監毛本同惠棟挍宋本作哀則以素敬則以飾

辟踊節

有筭　閩監本同石經同岳本同嘉靖本衛氏集說同毛本筭作算注同疏同

正義曰撫心爲辟　惠棟挍宋本無正義曰三字

袒括髮節

正義曰言袒衣括髮者　惠棟挍宋本無正義曰三字

弁經葛而葬節

天子諸侯變服而葬冠素弁　閩監毛本同岳本同嘉靖本同考文引古本足利本天上有故字衛氏集說冠上有故字皆以意增正義云云天子諸侯變服而葬者是天上無故字也云冠素弁以葛爲環經者是冠上無故字也

正義曰葬時居喪　惠棟挍宋本無正義曰三字

故云交神之道　閩監毛本同惠棟挍宋本交作接與注合

檀弓定本　閩監毛本作定此本定作足

歠主人主婦室老節

正義曰此一節　惠棟挍宋本無正義曰三字

反哭升堂節

正義曰謂葬窆訖　惠棟挍宋本無正義曰三字

反哭之弔也節

封當至棺也　閩監毛本同惠棟挍宋本作封當爲窆窆下棺也

知非既封土爲墳者　閩監毛本作土此本土誤士下實土二同

葬於北方節

正義曰上之訓往 惠棟挍宋本無正義曰三字

既封節

贈以幣送死者於壙也 閩監毛本同岳本同嘉靖本同衛氏集說同考文引古本幣下有帛字

既封至虞尸 閩監毛本同惠棟挍宋本作既封主人贈無下正義曰三字

主人贈用制幣元纁束帛也 閩監毛本同浦鏜云帛衍文按浦鏜云衍文與既夕禮合然疏家正不必拘也

既反哭節

正義曰此謂既窆之後事也 惠棟挍宋本無正義曰三字

言以父母形體所託惠棟按宋本作託此本誤註閩監。毛本作在亦非

案周人尚赤閩監毛本同衞氏集說案作蓋

葬日虞節

其辤蓋曰閩監毛本辤作辭岳本同嘉靖本同衞氏集說同

又雜記云內此天子七月而葬閩監毛本同惠棟按宋本無又雜記云四字內作約衞氏集說同

則大夫五虞當八日閩監本同毛本大誤六考文引宋板作大

大夫以上卒哭者去虞相校兩月閩監本同毛本校作按非衞氏集說亦作校無者相二字○按毛本全書皆作按避所諱也

崔又一解虞後卒之前閩監毛本同惠棟按宋本卒下有哭字是也

是日也節

虞禮所謂他用剛日也閩監毛本同岳本同惠棟按宋本也作者嘉靖本同考文引足利本同

其變至歸也○閩監毛本如此此本變誤安也上脫歸字無○惠棟按宋本無下正義曰三字

卽喪服小記所云赴葬者惠棟按宋本作所云衞氏集說同此本所云二字闕閩監毛本作篇云按篇字非也

哀薦日成事閩監毛本日作曰下哀薦日成事同

他謂不及時而葬者惠棟按宋本作謂衞氏集說同此本謂誤用閩監毛本同

至常葬之月閩監毛本同衞氏集說常作當

其視亦稱哀薦云成事焉閩監毛本同惠棟按宋本云作曰衞氏集說云焉二字無

期而神之人情惠棟挍宋本此下標禮記正義卷第十二終記云凡二十三頁

君臨臣喪節惠棟挍宋本自此節起至季康子之母死節止爲第十三卷首題禮記正義卷第十三

爲有凶邪之氣在側閩監毛本同岳本同嘉靖本同衛氏集説同釋文出凶耶云下注同

則止巫去桃茢閩監毛本同岳本同嘉靖本同盧文弨云足利古本巫下有祝字非案正義云祝代巫而入又云巫止于門外祝先入是巫止而祝不止也足利本非盧挍是

君臨至生也惠棟挍宋本無此五字

無巫祝執桃茢之事閩監毛本作事此本事字闕

又云士喪禮亦如此閩監毛本同考文引宋板無士字盧文弨云或是無云字下又士喪禮大斂而往似當作又大夫士既殯而君往焉

荆人使公親襚 監毛本作荆此本荆誤荊閩本同

喪有死之道焉節

喪有至言也 惠棟挍宋本無此五字

喪之朝也節

喪之至遂葬 惠棟挍宋本無此五字

孔子謂爲明器者節

束茅爲人馬 閩監毛本同岳本同嘉靖本同衛氏集說同惠棟挍宋本馬作焉宋監本同考文引古本馬下有焉字釋文亦云束茅爲人馬曰芻靈

謂爲俑者不仁 石經惠棟挍宋本岳本宋監本嘉靖本閩本同衛氏集說亦作仁監毛本仁誤二

殆於用人乎哉 閩本同監毛本殆上有不字石經同岳本同嘉靖本同衛氏集說同

有似於生人　閩本同宋監本同岳本同嘉靖本同衛氏集說同監毛本有字脫惠棟挍宋本亦有有字考文引古本足利本同

孔子至乎哉　惠棟挍宋本無此五字

記者記錄孔子之言　閩監毛本下記作既考文引宋板作記衛氏集說無此記字按集說是也

謂刻木爲人而自發動　惠棟挍宋本亦作而自閩監毛本而自改面目非

穆公問於子思節　惠棟挍云穆公節悼公節宋本合爲一節

退人若將隊諸淵　閩監毛本同岳本同嘉靖本同衛氏集說同石經隊作墜考文引古本同釋文出將隊云本又作墜

穆公至之有　惠棟挍宋本無此五字

以道去君爲三諫不從閩監毛本同衛氏集說爲作謂與儀禮喪服注合

未絶者言爵禄尚有列於朝閩監毛本作未此本未字闕

或辟仇讐惠棟挍宋本作讎此本讎誤讐閩監毛本作讎亦非衛氏集說作或辟寇讎

案者案世本云惠棟挍宋本閩監毛本無案者二字是也

謂三諫不從去而已絶閩監毛本作謂此本誤諫

悼公之喪節

毋乃使人疑夫不以情居瘠者乎哉閩本同石經同岳本同衛氏集說同監毛本毋誤母嘉靖本同

衛司徒敬子死節

衛司至不經惠棟挍宋本無此五字

此雖不云帶凡單云經閩監毛本同惠棟挍宋本無帶○凡單云四字盧文弨云宋本脫四字非也

曾子曰晏子節

晏子一狐裘三十年閩監毛本同岳本同嘉靖本同衛氏集說同石經三十合作卅

喪數略也閩監毛本同岳本同嘉靖本同衛氏集說同考文引古本喪數作喪禮足利本作喪數禮

曾子至以禮惠棟挍宋本無此五字

大儉解三十年一狐裘閩本同監毛本年一二字誤倒考文引宋板作年一

下謂其子及凡在已下者也閩監本同毛本及誤反考文引宋板作及

藏苞筲於旁加杭席覆之閩監本同毛本旁下有加折抑之四字盧文弨云宋本無此四字毛有之是也又閩監毛本杭皆作抗亦是也衛氏集說同下加杭木實土同

乃得有遺車者　閩監毛本同惠棟挍宋本無者字

一个有二體　閩監毛本同考文引宋板二下有个字

國昭子之母死節

夾羡道爲位　閩監毛本同岳本同嘉靖本同衛氏集說同釋文本夾作陜

專猶司也　惠棟挍宋本同嘉靖本同衛氏集說同閩監毛本司誤同岳本同浦鏜云司誤同疏內亦誤同從六經正誤挍

國昭至西鄉　惠棟挍宋本無此五字

專猶同也　監毛本同閩本猶字闕惠棟挍宋本同作司盧文弨云下爾當同此同亦當作同

穆伯之喪節　惠棟挍云穆伯節季康子節宋本合爲一節

嫌思情性也　閩監毛本同岳本同嘉靖本同衛氏集說思作私性作勝

內人妻妾 閩監毛本同岳本同嘉靖本同衛氏集說同妾下有也字惠棟挍宋本妾作室盧文弨云宋板古本俱作妻室不必從

穆伯至矣夫 惠棟挍宋本無此五字

女智莫若 閩監毛本同衛氏集說同惠棟挍宋本若下有婦字案今家語本亦作女智莫若婦

季康子之母死節

褻衣非上服 閩監毛本同岳本同嘉靖本同衛氏集說同考文足利本上作正

悼子紀生平子意如 閩監毛本同惠棟挍宋本紀作紇

有子與子游立節

陶鬱陶也 閩本同監毛本欝作鬱岳本同嘉靖本同衛氏集說同疏同

舞斯慍慍斯戚 閩監毛本同石經同岳本同嘉靖本同衛氏集說同釋文出慍斯戚云此喜怒哀樂相對

本或於此句上有舞斯愠一句并注皆衍文正義本有舞斯愠一句并注其所稱鄭此禮本鄭諸本鄭又一本盧禮本王禮本綜論最爲詳覈惠棟九經古義但據釋文而不及正義踈矣

哭踊之情必發於內　閩監毛本同惠棟挍宋本必作心續通解同

怒來戚心故憤恚起也　惠棟挍宋本亦作戚閩監毛本戚作觸

此之謂於哀樂也　閩監毛本同惠棟挍宋本謂下有禮生二字續通解同

俄傾不愠生　閩本同監毛本不作而衛氏集說傾不作頃而是也考文引宋板同

朝殞夕歌　惠棟挍宋本同閩監毛本殞作殯衛氏集說同

明飾喪以奠祭之事　閩監毛本同惠棟挍宋本以作及衛氏集說同

故使人勿惡也　閩監毛本同惠棟挍宋本故作欲衛氏集說同

又設遣奠而行送之　閩本同惠棟挍宋本同監毛本遣誤遺衛氏集說無行字

故子游既言生節哀閩監毛本同惠棟挍宋本生下有者字衛氏集說同

吳侵陳節

陳大宰嚭使於師閩監毛本同岳本同嘉靖本同衛氏集說同石經嚭作噽下同

盍嘗問焉閩監本同嘉靖本嘗作甞衛氏集說同毛本作甞石經作甞岳本同注同

獲謂係虜之閩監毛本同岳本同嘉靖本同衛氏集說係作繫

正言殺厲重人閩監毛本同岳本同嘉靖本同衛氏集說正作止人下有也字

吳侵至名乎惠棟挍宋本無此五字

雖及胡耇獲則取之閩本作耇衛氏集說同考文引宋板同此本耇誤者字閩毛本同

直拘囚人而已則輕也惠棟挍宋本作則此本則字闕閩本同監毛本作故非

苞人民毆牛馬曰侵閩監毛本同衛氏集說毆作敺

顏丁善居喪節

既憊貌 閩本同監毛本旣作慨岳本同嘉靖本同衞氏集說同

顏丁至而息 惠棟挍宋本無此五字

如所求物不得 閩監毛本同考文引宋板如下有有字

亦彷徨求而不得之心 閩監毛本同惠棟挍宋本心作意

行而不及之 閩監毛本同惠棟挍宋本之下有貌字

子張問曰節

則民臣望其言久 惠棟挍宋本宋監本岳本嘉靖本同衞氏集說亦作言閩監毛本言誤長

仲尼曰 閩監毛本作尼石經同岳本同嘉靖本同衞氏集說同此本尼作𡰥案上尼父字不作𡰥此歧出

子張至三年 惠棟挍宋本無此五字

知悼子卒節○

禮揚作騰 宋監本岳本嘉靖本惠棟挍宋本同閩監毛本騰作賸衛氏集說同下騰送也同段玉裁云說文佚送也佚卽賸字騰非是

知悼至杜舉 惠棟挍宋本無此五字

揚作騰者 考文引宋板同閩監毛本騰作賸是也下揚騰義得兩通同餘俱不作騰

爲後鑒戒 閩監毛本同惠棟挍宋本後下有世字續通解同

與杜蕢此事 閩監毛本同惠棟挍宋本與作以

春秋云晉侯飲酒樂 閩監毛本同惠棟挍宋本秋下有傳字

服以旌禮禮以行事 閩監毛本如此此本脫一禮字

禮記注疏卷九挍勘記

附釋音禮記注疏卷第十

檀弓下

禮記　鄭氏注　孔穎達疏

公叔文子卒文子衛獻公之孫名拔或作發○拔蒲八反其子戍請謚於君曰日月有時將葬矣請所以易其名者謚者行之迹有時猶言有數也大夫士三月而葬○行下孟反君曰昔者衛國凶饑夫子爲粥與國之餓者是不亦惠乎君靈公也○粥音祝昔者衛國有難夫子以其死衛寡人不亦貞乎難謂魯昭公二十年盜殺衛侯之兄縶也時齊豹作亂公如死鳥○難乃旦反注同夫子聽衛國之政脩其班制以與四鄰交衛國之社稷

不辱不亦文乎班制謂尊卑之差故謂夫子貞惠文子後不言貞惠者文足以兼之

疏公叔至文子○正義曰此一節論謂君諡臣之諡法各依文解之○注文子至作發○正義曰案世本衛獻公生成子當當生文子拔拔是獻公孫也或作發者以春秋左氏傳作發故云或作發○請所以易其名者生存之日若呼其名今既死將葬故請所以諱行爲之作諡易代其名者○注雖謂至死鳥○正義曰案昭二十年左傳云衛公孟縶狎齊豹奪之司寇與鄄公孟惡北宮喜褚師圃欲去之公子朝通于襄夫人宣姜懼而欲以作亂故齊豹北宮喜褚師圃公子朝作亂丙辰衛侯在平壽公孟有事於蓋獲之門外又云齊氏用戈擊公孟宗魯以背蔽之斷肱以中公孟之肩皆殺之公聞亂乘驅自閱門入載寶以出又云公如死鳥注云死鳥衛地○故謂至文子者案諡法愛民好與曰惠外內用情曰貞道德傳聞曰文既有道德則能惠能貞故鄭云後不言貞惠者文足以兼之案文次先惠後貞此先云貞者以其致死衛君事重故在前上先言惠者據事先後言之

○石駘仲卒駘仲衛大夫石碏之族○駘大來反碏七略反無適子有庶子六人卜所

以爲後者莫適立也。○適丁歷反，注同。曰沐浴佩玉則兆。言齊絜則得吉兆。○齊，側皆反。五人者皆沐浴佩玉。石祁子曰：孰有執親之喪而沐浴佩玉者乎？不沐浴佩玉。心正且知禮。石祁子兆。衛人以龜爲有知也。

【疏】石駘至知也。○正義曰：此一節論龜兆知賢知之事，各依文解之。○卜所至則兆。○旣有庶子六人，莫適立也，故卜所以堪爲後者。其掌卜之人謂之曰：若沐浴佩玉則得吉兆。所以須有卜者，春秋左氏之義，故昭二十六年云：年鈞以德，德鈞以卜，王不立愛，公卿無私。若公羊隱元年云：立適以長不以賢，立子以貴不以長。何休云：適夫人無子立右媵，右媵無子立左媵，左媵無子立嫡姪娣，嫡姪娣無子立右媵姪娣，右媵姪娣無子立左媵姪娣。質家親親先立娣，文家尊尊先立姪。嫡子有孫而死，質家親親先立弟，文家尊尊先立孫。其雙生也，質家據見立先生，文家據本意立後生。何休作膏肓難左氏云：若其以卜，隱桓以禍皆由此作，乃曰古制，固亦謬矣。鄭箴之云：立長以嫡不以賢，固立長矣；立子以貴不以長，固立貴矣。若長均貴均何以別之故須卜禮有詢立君卜立君是有卜也是從左氏之義。孰有至者乎。○居親之喪必衰絰憔悴安有居親之喪而沐浴佩玉者乎言不可鄭云心正且知禮者不信邪言是心正居喪不沐浴佩玉是知禮也○陳子車死於衛其妻與其家大夫謀以殉葬子車齊大夫定而后陳子亢至以告曰夫子疾莫養於下請以殉葬子亢子車弟孔子弟子下地下○亢音剛又苦浪反養羊尚反下皆同子亢曰以殉葬非禮也雖然則彼疾當養者孰若妻與宰得已則吾欲已不得已則吾欲以二子者之爲之也度諫之不能正以斯言拒之已猶止也○度大洛反於是弗果用果決

【疏】陳子至果用○正義曰此一節論殉葬非禮之事各依文解之○注子亢至弟子○正義曰知孔子弟子者以論語陳亢問於伯魚與伯魚相問故知孔子弟子又知子車齊大夫者昭二十六年左傳齊師圍成

魯師及齊師戰于炊鼻魯人將擊子車子車射之殪鄭蓋據此謂齊大夫知亢是子車弟者以子車之妻謀欲殉葬子車子亢不能止之若是子車之兄當處分由已故知是子車弟也子亢至之也○子亢既見兄家謀殉葬非禮之事自度不能止故云殉葬非禮也又云雖非禮彼疾當養者彼死者疾病當須養侍於下者以外人疏誰若妻之與宰言妻宰最親當須侍養若得休已不須侍養吾意欲休已若其不止必須爲殉葬則吾欲以妻之與宰二子爲之○子路

曰傷哉貧也生無以爲養死無以爲禮也孔子曰啜菽飲水盡其歡斯之謂孝斂手足形還葬而無槨稱其財斯之謂禮還猶疾也謂不及其日月○啜昌劣反叔或作菽音同大豆也王云熬豆而食曰啜菽斂力檢反還音旋後同稱尺證反下注之稱同

【疏】子路至謂禮○正義曰此一節論孝子事親稱家之有無之事孔子至謂禮○孔子以子路傷貧故荅之云啜菽飲水以菽爲粥以常啜之飲水更無餘物以水而已雖使親啜菽飲水盡其歡樂之情謂使親盡其歡樂此之謂孝荅上生無以爲養○斂

手足形者親亡但以衣棺斂其頭首及足形體不露還速葬而無椁材稱其家之財物所有以送終此之謂禮荅上死無以爲禮

○衞獻公出奔反於衞及郊將班邑於從者而后入欲賞從者以懼居者獻公以魯襄十四年出奔齊二十六年復歸於衞○從才用反注下同

柳莊曰如皆守社稷則孰執羈靮而從如皆從則孰守社稷言從守若一靮紲也○羈音基靮丁歷反紲陳忍反君反其國而有私也毋乃不可乎言有私則生怨弗果班

疏衞獻至果班○正義曰此一節論衞君歸國不合私賞從者之事○注欲賞至於衞○正義曰經直云班邑於從者鄭知以懼居者見下柳莊云如皆從則孰守社稷爲居者而言明知獻公欲懼居者也故左傳云獻公反國使人責大叔儀是也知獻公以魯襄公十四年出奔齊者案襄十四年左傳云衞獻公戒孫文子甯惠子食二子皆朝服而朝日旰不召公射鴻於囿二子從之公不釋皮冠而與之言二子怒故攻公公出奔齊二十六年傳云甯惠子之子甯喜以父言攻孫氏

而納衛侯二十六年復歸于衛是獻公以魯襄公十四年出奔二十六年復歸于衛也○衛有大史曰柳莊寢疾公曰若疾革雖當祭必告。革急也○革本又作亟居力反注同公再拜稽首請於尸曰有臣柳莊也者非寡人之臣社稷之臣也聞之死請往急弔賢者不釋服而往遂以襚之。脫君祭服以襚臣親賢也所以此襚之者以其不用襲也凡襚以斂○襚音遂脫本亦作說又作稅同他活反與之邑裘氏與縣潘氏書而納諸棺曰世世萬子孫無變也所以厚賢也裘縣潘邑名○縣音玄注同潘普干反

【疏】衛有至變也○正義曰此一節論君急弔臣之事柳莊爲衛大史今寢疾其家自告公報之曰若疾急困雖當我祭必須告也其後柳莊果當公祭之時卒而來告公公祭事雖了與尸爲禮未畢○公再拜稽首請於尸曰有臣柳莊也者才能賢異非唯寡人之臣乃是社稷之臣今聞之身死請往赴之又不釋祭服即往

哭遂以所著祭服脫而襚之又與之采邑曰裘氏及縣潘氏與二邑又書錄其賞辭而納之棺云世世恒受此邑至萬世子孫無有改變案禮君人廟門全爲臣請尸得言寡人者是後人作記者之言也○注脫君至以斂○正義曰案士喪禮君使人襚不云祭服襚臣今君以祭服襚故云親賢也得以祭服襚之者禮諸侯玄冕祭廟大夫自玄冕而下以其俱是玄冕故得襚也祭服既尊得以襚臣者以其臣卑不敢用君襚衣而襲之也所以不用襲者襲是近尸形體褻惡故不敢用君之襚衣也案士喪禮云君襚衣及親者及庶兄弟之襚皆不用襲故士喪禮云庶襚繼陳不用注云不用不用襲也至小斂則得用庶襚故士喪禮小斂凡十有九稱陳衣繼之不必盡用鄭云陳衣庶襚也既云不必盡用明有用者至大斂得用君襚故士喪禮大斂君襚祭服散衣庶襚凡三十稱又云君襚不倒是大斂得用○襚也云凡襚以斂者謂庶襚以小斂君襚以大斂也鄭言此者明襚衣不用襲也

○陳乾昔寢疾屬其兄弟而命其子尊己曰如我死則必大爲我棺使吾二婢子夾我婢子妾也○乾音干屬之玉反夾古洽反陳乾昔死其

子曰以殉葬非禮也況又同棺乎弗果殺善尊己不陷父於不義〔疏〕陳乾至果殺。正義曰此一節論人病時失禮也。屬其兄弟而命其子尊己者尊己乾昔子名也兄弟言屬子云命輕重之義也。曰如我死者此所屬命辭也欲言其死後事也。則必大爲我棺使吾二婢子夾我者婢子妾也屬命云令大爲己棺又使二婢夾己於棺中也。陳乾昔死者陳乾昔既屬兄弟之後而死且言陳乾昔者謂亦久纓疾病或陳乾昔揔是人名但先儒無說未知孰是案春秋魏顆父病困命使殺妾以殉又晉趙孟孝伯並將死其語偷又晉程鄭問降階之道鄭然明以將死而有惑疾此等並是將死之時其言皆變常而論語曾子曰人之將死其言也善但人之疾患有深有淺淺則神正深則神亂故魏顆父初欲嫁妾是其神正之時曾子云其言也善是其未困之日且曾子賢人至困猶善其中庸已下未有疾病。天奪之魂魄苟欲偷生則趙孟孝伯程鄭之徒不足怪也。

仲遂卒于垂壬午猶繹萬人去籥春秋經在宣八年仲遂魯莊公之子東門襄仲先日辛巳有事於太廟而仲遂卒明日而繹非也萬干舞也籥籥舞也傳曰去其有聲者廢其無聲

者○繹音亦去羌呂反注同籥羊勺反

仲尼曰非禮也卿卒不繹（疏）仲遂至不繹○正義曰此一節論卿卒重于繹祭之事○注春秋至聲者○正義曰此經所云者春秋經文案宣八年六月辛巳有事於大廟仲遂卒於垂是也云仲遂魯莊公之子東門襄仲者世本及左傳文也云萬干舞也籥籥舞也者案宣八年公羊傳云萬者何干舞也籥者何籥舞也萬是執干而舞武舞也即文王世子云春夏學干戈是也籥舞執羽吹籥而舞文舞也文王世子云秋冬學羽籥是也云傳曰去其有聲者廢其無聲者亦宣八年公羊傳文云去其有聲謂去籥舞以吹籥有聲故也廢其無聲謂廢留萬舞而不去以萬舞無聲故也鄭志荅張逸云廢置也於去聲者爲廢謂廢留不去也然鄭引萬干舞籥籥舞雖是傳文鄭翦略其事不全寫傳文故於後始稱傳曰去其有聲廢其無聲以二句全是傳文也

○季康子之母死公輸若方小公輸若匠師方小言年尚幼未知禮也斂般請以機封斂下棺於槨般若之族多技巧者見若掌斂事而年尚幼請代之而欲嘗其技巧○般音班注及下同封彼驗反技其綺反下同將從之時人服般之巧公肩

假曰不可夫魯有初初謂故事公室視豐碑言視者時僭天子也豐碑斵大木爲之形如石碑於槨前後四角樹之穿中於間爲鹿盧下棺以綍繞天子六綍四碑前後各重鹿盧也○碑彼皮反僭子念反後皆同斵丁角反綍音律繞而沼反重直龍反三家視桓楹時僭諸侯諸侯下天子也斵之形如大楹耳四植謂之桓諸侯四綍二碑碑如桓矣大夫二綍二碑士二綍無碑○下戶嫁反植時力反般爾以人之母嘗巧則豈不得以以己字言寧有強使女者與僭於禮有似作機巧非也以與與己字本同○爾曰古以字強其丈反女音汝與與音餘下苦與同其母以嘗巧者乎則病者乎毋無也於女寧有病苦與止之○毋音無噫不寤之聲○噫於其反弗果從

【疏】季康至果從○正義曰此一節論非禮嘗巧不從之事○季康子母死公輸若爲匠師之官年方幼小主掌窆之事欲下棺斂於壙中其若之族人公輸般性有技巧請爲以轉動機關窆而下棺時人服般之巧○將從之時有公肩假止而不許曰不可爲機窆之事夫魯有初始舊禮公室之喪視豐碑豐大也謂

用大木爲碑三家之葬視桓楹也桓大也楹柱也其用之碑如大楹柱言之舊事其法如此遂呼般之名般女得以人之母而嘗巧乎嘗試也欲以人母試已巧事誰有強偪於女而爲此乎豈不得休已者哉又語之云其無以人母嘗試已巧則於女病者乎言不得嘗巧豈於女有病公肩假既告般爲此言乃更噫而傷歎於是衆人遂止不果從般之事○注公輸若匠師○正義曰以匠師主窆故鄉師云及窆執斧以涖匠師是也○注言視至盧也○正義曰凡言視者不正相當比擬之辭也故王制云天子之三公視公侯卿視伯大夫視子男是也故云言視僭天子也云斲大木爲之形如石碑者以禮廟庭有碑故祭義云牲入麗于碑儀禮每云當碑揖此云豐碑故知斲大木爲碑也云於椁前後四角樹之者謂椁前後及兩旁樹之角落相望故云四角非謂正當椁四角也云穿中於間爲鹿盧所○謂穿鑿去碑中之木令使空於此空間著鹿盧鹿盧兩頭各入碑木云下棺以繂繞者繂即紼也以紼之一頭繫棺緘以一頭繞鹿盧既訖而人各背碑負紼末頭聽鼓聲以漸卻行而下之云天子六繂四碑者案周禮大喪屬其六引故知天子六繂也喪大記云君四繂二碑諸侯既二碑故知天子四也云前後各重鹿盧也者以六繂四碑明有一碑兩紼者故知一碑上下重著鹿盧知唯前後碑

重鹿盧者以棺之入椁南北豎長前後用力深也案春秋天子有隧以羨道下棺所以用碑者凡天子之葬掘地以爲方壙漢書謂之方中又方中之内先累椁於其方中南畔爲羨道以蜃車載柩至壙說而載以龍輴從羨道而入至方中乃屬紼於棺之緘從上而下棺入於椁之中於此之時用碑繂也○注諸侯下天子也斲之形如大楹耳○正義曰以言視桓楹不云碑知不似碑形故云如大楹耳通而言之亦謂之碑也故喪大記云諸侯大夫二碑是也云四植謂之桓者案說文桓亭郵表也謂亭郵之所而立表木謂之桓即今之橋旁表柱也今諸侯二碑兩柱爲一碑而施鹿盧故云四植謂之二桓也周禮桓圭而爲雙植者以一圭之上不應四柱但瑑爲二桓二柱象道旁二木又宮室兩楹故雙植謂之桓也大夫亦二碑但柱形不得麤大所以異於諸侯也○注以已至本同正義曰言經中以用之以義是休已之字所以用之以得爲休已之字者以其本同謂古昔之本用字本同乃得通用謂用謂其兩字本昔是同故得假借而用後世始以已義異也云僭於禮有似作機巧非也者皇氏解云僭濫之事於禮猶有所似作機巧之事全非也○注毋無至止之○正義曰依說文止毋是禁辭故說文毋字從女有人從中欲干犯故禁約之故鄭注論語云毋止其辭讓也故曲禮上篇多言毋毋

猶勿也謂勿得如此下無是有無之無此經中之義是有無之無故轉毋作無也○注不寤之聲○正義曰公肩假唱噫是歎公輸般不能寤於禮故傷之而爲此聲也

○戰于郎郎魯近邑也哀十一年齊國書帥師伐我是也

公叔禺人遇負杖入保者息遇見也見走辟齊師將入保罷倦加其杖頸上兩手掖之休息者保縣邑小城禺人昭公之子春秋傳曰公叔務人○禺音遇又音務注同辟音避罷音皮倦其卷反頸吉領反掖音亦曰使之雖病也謂時繇役○繇本亦作徭音遙任之雖重也謂時賦稅君子不能爲謀也士弗能死也不可君子謂卿大夫也魯政既惡復無謀臣士又不能死難禺人恥之○弗能弗亦作不爲于僞反下注國爲下爲懿同復扶又反下復射謂不復同難乃旦反我則既言矣欲敵齊師踐其言與其鄰重汪踦往皆死焉奔敵死齊寇鄰鄰里也重皆當爲童童未冠者之稱姓汪名踦鄰或爲談春秋傳曰童汪踦○重依注音童下同汪烏黃反踦魚綺反冠古亂反魯人欲勿殤重汪

踦見其死君事有士行欲以成人之喪治之言魯人者死君事國爲斂葬○行下孟反問於仲尼仲尼曰能執干戈以衛社稷雖欲勿殤也不亦可乎善之〔疏〕戰于至可乎○正義曰此一節論童子死難之事○戰于郎哀十一年齊伐魯魯與齊師戰于郎郎者魯之近邑也案哀十一年魯人公叔禺人逢遇國人走辟齊師兩手負杖於頸走入城保困而止息禺人見而言曰國以徭役使此人雖復病困國以賦稅責任人民雖復煩重若上能竭心盡力憂恤在下則無以負愧今君子卿大夫不能爲謀士又不能致死是自全其身不愛民庶於理不可既嫌他不死欲自爲致死之事故云我則既言矣既已也云我則已言之矣乃踐其言於是與隣之童子姓汪名踦往赴齊師而死焉依禮童子爲殤魯人見其死寇欲勿殤童汪踦意以爲疑問於仲尼仲尼報之云汪踦能執干戈以衛社稷勿猶不也雖欲不以爲殤不亦可乎言其可爲不殤也○注郎魯至是也○正義曰案桓十年齊魯衛侯鄭伯來戰于郎公羊傳云郎者何吾近邑也哀十一年齊國書帥師伐我戰于郊是郊頭郎邑故知近也案春秋直云戰于郊知與此戰于郎爲一事者以其俱有童汪踦之事故爲一也

注禺人至務人○正義曰案哀十一年傳云公叔務人僮汪錡死昭公傳云昭公子公爲逐季氏公曰務人爲此禍務人即公爲也故云昭公子此作禺人者禺務聲相近聲轉字異也○注重皆當爲童○正義曰此云重汪踦下云重汪踦以重字有二故云皆當爲童以言魯人欲勿殤故從春秋爲童也注見其至斂葬○正義曰案喪服小功章大夫爲昆弟之長殤注云謂爲士者若不仕者也以此言之雖見爲士猶以殤服服之何以此云死君事有士行欲以成人之喪治之者喪服所論據尋常死者雖見爲士猶以殤服服之汪踦能致死於敵故以成人之喪治之云國爲斂葬者以其經稱魯人但指衆辭汪踦非是家無親屬但國家哀其死難爲斂葬之

○子路去魯謂顏淵曰何以贈我贈送曰吾聞之也去國則哭于墓而后行反其國不哭展墓而入無君事主於孝哭哀去也展省視之謂子路曰何以處我處猶安也子路曰吾聞之也過墓則式過祀則下居者主於敬

〔疏〕子路至則下○正義曰此一節論禮

敬祀墓之事各依文解之○注無事君主於孝○正義曰若有君事去國則不得哭墓故上曲禮云已受命君言不宿於家是不哭於墓○過墓則式過祀則下曰墓謂他家墳壟祀謂神位有屋樹者居無事主於恭敬故或式或下也他墳尚式則已先祖墳墓當下也

○工尹商陽與陳弃疾追吳師及之工尹楚官名弃疾楚公子弃疾也以魯昭八年帥師滅陳縣之楚人善之因號焉至十二年楚子狩於州來使蕩侯潘子司馬督囂尹午陵尹喜圍徐以懼吳於時有吳師陳或作陵楚人聲○馬裻音篤本亦作督○陳弃疾謂工尹商陽曰王事也子手弓而可手弓子射諸商陽仁不忍傷人以王事勸之○射食亦反下同○射之斃一人韔弓不忍復射斃仆也韔韜也○斃本亦作獘婢世反下同韔勑亮反仆蒲北反又音赴韜吐刀反又及謂之又斃二人每斃一人揜其目揜其目不忍視之○又及本或作又及一人又一人後人妄加耳止其御曰朝不坐燕不與殺三人

亦足以反命矣朝燕於寢大夫坐於上士立於下然則商陽與御者皆士也兵車參乘射者在左戈盾在右御在中央○朝直遥反與音預乘繩證反盾食允反又音允孔子曰殺人之中又有禮焉善之〔疏〕工尹至禮焉○正義曰此一節論殺人有禮之事各依文解之○注工尹至人聲○正義曰案春秋傳楚皆以尹爲官名也故知工尹楚官名也云弃疾楚公子弃疾也者左傳文是楚恭王之子後立爲平王云楚人善之因號焉者案昭十三年左傳晉叔向云弃疾君陳蔡苛慝不作今此云陳棄疾故楚人善之因號爲陳弃疾也云十二年楚子狩于州來者是昭十二年左傳文楚子謂靈王名虔弃疾之兄也使蕩侯一潘子二司馬督三囂尹午四陵尹喜五也五大夫圍徐以偪懼於吳也案左傳直有圍徐不見有吳師之事也又弃疾不與圍徐鄭必知有吳師及弃疾追之者以弃疾昭八年縣陳十三年自立爲王於此之間無與吳師相涉今弃疾追吳師復有圍徐懼吳之事故鄭引以明之云陳或作陵楚人聲者謂陳弃疾餘本有作陵弃疾者故云陳或作陵楚人呼陳及陵聲相似故云楚人聲子手弓而可手弓者弃疾謂商陽射吳之奔者云子是手弓之人謂是能弓之手而可手弓者謂共堪可稱此

能弓之手謂宜須射也又家語云楚伐吳工尹商陽與弃疾追吳師及之弃疾曰王事也子手弓而可商陽手弓弃疾曰子射諸射之斃一人韔其弓則此分句爲異解義亦別言手弓者令其彀弓而射之未知孰是故兩存焉附之以廣聞見也○注朝燕至中央○正義曰朝之與燕皆在於寢若路門外正朝則大夫以下皆立若其燕朝在於路寢如孔子攝齊升堂又詩傳云不脫屨升堂謂之飫明脫屨升堂則坐也是大夫坐於上燕亦在寢故燕禮云燕朝服於寢案燕禮獻卿大夫及樂作之後西階上獻士士既得獻者立於東階下西面無升堂之文是士立於下云兵車參乘射者在左戈盾在右御在中央者謂兵車參乘之法其事如此若非兵車參乘則尊者在左故曲禮乘君之乘車不敢曠左鄭注云君存惡空其位又月令載耒耜於御與車右之間君在左也知兵車參乘射者在左戈盾在右者案宣十二年左傳云楚許伯御樂伯攝叔爲右於時樂伯主射樂伯云左射以菆是射者在左攝叔云右入壘折馘執俘而還是戈盾勇力在右自然御者在中央此謂凡常戰士也若是元帥則在中央鼓下御者在左戈盾亦在右故成二年鞌之戰於時郤克爲中軍將時流血及屨未絕鼓音是將居鼓下也解張御郤克解張云矢貫余手及肘余折以御左輪朱殷是御者在左自然戈盾在

右若天子諸侯親爲將亦居鼓下故戎右云贊王鼓成二年齊侯圍龍齊侯親鼓之是也若非元帥則皆在左御者在中故成二年韓厥自其車左居中代御而逐齊侯故杜預云其車自非元帥御者皆在中故熊氏以爲雖非元帥上軍下軍之將亦居鼓下故成十六年鄢陵之戰子重將左而云子重鼓之也故爲將皆在鼓下也以其親鼓故以爲鼓下案周禮諸侯執賁鼓軍將執晉鼓師帥執提旅帥執鼙豈皆居鼓下也其義恐非也孔子曰殺人之中又有禮焉者言其既殺人之中又有禮則韔弓揜目等是也案左氏傳戎昭果毅獲則殺之商陽行仁而孔子善之傳之所云人謂彼勍敵與我決戰雖是胡耇獲則殺之此謂吳師既走而後逐之○故云又及一人則是不逐奔之義故以爲有禮也○

諸侯伐秦曹桓公卒于會魯成十三年曹伯廬卒於師是也廬謚宣言桓聲之誤也桓依注音宣**諸侯請含**以朋友有相啖食之道○含胡闇反啖徒暫反食音嗣徐音自**使之襚**非也襚賤者之事○**襄公朝于荊康王卒**在魯襄二十八年康王楚子昭也楚言荊者州言之**荊人曰必請襚**○欲使襄公衣之衣於既反**魯人曰**

非禮也荆人強之欲尊康王○強其丈反下注同巫先拂柩荆人悔之巫祝桃茢君臨臣喪之禮○拂芳勿反柩其又反茢音列【疏】諸侯至悔之○正義曰此一節論諸侯失禮之事○注在魯至言之○正義曰不言楚而言荆者楚屬荆故荆言之也春秋莊十年荆敗蔡師于莘公羊傳曰荆者何州名也州不若國國不若氏氏不若人人不若名名不若字字不若子而左氏無此義荆蓋楚之本號魯莊之世告命皆稱荆至僖元年始稱楚故杜預云荆始改號曰楚其巫祝桃茢之事已具于上

○滕成公之喪魯昭三年使子叔敬叔弔進書子叔敬叔魯宣公弟叔肸之曾孫叔弓也進書奉君弔書○肸許乙反子服惠伯爲介惠伯慶父玄孫之子名椒介副也○介音界注及後同及郊爲懿伯之忌不入郊滕之近郊也懿伯惠伯之叔父忌怨也敬叔有怨於懿伯難惠伯也春秋傳曰敬叔不入○難乃旦反惠伯曰政也不可以叔父之私不將公事政君命所爲敬叔於昭穆以懿伯爲叔父○昭常遥反遂

入惠伯強之乃入

【疏】滕成至遂入○正義曰此一節論不可以私廢公之事各依文解之○注子叔至弓也○正義曰案世本叔肸生聲伯嬰齊齊生叔老老生叔弓是叔弓爲叔肸曾孫也叔是其氏此記云子叔者子是男子通稱故以子冠叔也○注惠伯至副也○正義曰案世本慶父生穆伯敖敖生文伯穀穀生獻子蔑蔑爲慶父曾孫惠伯是蔑之孫是慶父玄孫之子也案春秋傳曰子服椒故知名椒也○及郊至公事○敬叔爲使惠伯爲介至滕之近郊懿伯是惠伯叔父敬叔於先有怨於懿伯今至滕郊爲有懿伯之怨故畏難惠伯不敢入惠伯知其難已遂開釋之今既奉君命政令奉使滕國不可以叔父私怨遂欲報讎不行公事也○注郊滕至不入○正義曰經直云郊知是滕之近郊者下云不入謂不入國城則郊與國城相近故知郊是近郊也知懿伯是惠伯叔父者以下文惠伯云不可以叔父之私故知懿伯是惠伯叔父也云敬叔有怨於懿伯難惠伯也者謂敬叔殺懿伯被懿伯家所怨恐惠伯殺已故難惠伯不敢入也然敬叔惠伯同在君朝又奉使滕國相隨在路不相畏難入滕始難者雖有怨讎恆爲防備今入滕國是由主人其防備之事不復在已故難之引春秋傳敬叔不入者昭三年左傳文引之者以經直云不入恐是惠伯不入故引以明之○

注政君至叔父○正義曰案論語注君之教令爲政臣之教令爲事也故云其事也如有政云敬叔於昭穆以懿伯爲叔父者此後人轉寫鄭注之誤當云敬叔於昭穆以惠伯爲叔父撿勘世本敬叔是桓公七世孫惠伯是桓公六世孫則惠伯是敬叔之父六從兄弟則敬叔呼惠伯爲叔父敬叔呼懿伯爲五從祖此注乃云敬叔於昭穆以懿伯爲叔父故知誤也

○哀公使人弔蕢尚遇諸道辟於路畫宮而受弔焉哀公魯君也畫宮畫地爲宮象○蕢苦怪反辟音避又婢亦反畫音獲注同曾子曰蕢尚不如杞梁之妻之知禮也行弔禮於野非○齊莊公襲莒于奪杞梁死焉魯襄二十二年齊侯襲莒是也春秋傳曰杞殖華還載甲夜入且于之隧隧奪聲相近或爲兌梁即殖也○于奪徒外反注並兌同杞音豈殖時職反華胡化反且子餘反其妻迎其柩於路而哭之哀莊公使人弔之對曰君之臣不免於罪則將肆諸市朝而

妻妾執肆陳尸也大夫以上於朝士以下於市執拘也○肆殺三日陳尸音四朝直遥反上詩掌反拘音俱君之臣免於罪則有先人之敝廬在君無所辱命無所辱命辭不受也春秋傳曰齊侯弔諸其室○廬力居反○〔疏〕哀公至辱命○正義曰此一節論蕢尚不如婦人得禮之事○注肆陳至拘也○正義曰案周禮鄉士職云協日刑殺肆之三日是陳尸曰肆也云大夫以上於朝士以下於市者謂諸侯大夫士也故襄二十二年楚殺令尹子南尸諸朝三日大夫既於朝士則於市也其天子臣則有爵者皆適甸師氏不在朝故周禮掌囚職云凡有爵者奉而適甸師氏以待刑殺掌戮云有爵者殺之于甸師氏是也天子士宜在朝與諸侯大夫同○孺子韉之喪魯哀公之少子○韉吐孫反哀公欲設撥撥可撥引輴車所謂紼○撥半末反輴勑倫反問於有若有若曰其可也君之三臣猶設之猶尚也以臣況予也三臣仲孫叔孫季孫氏顏柳曰天子龍輴而椁幬輴殯車也畫轅爲龍幬覆也殯以椁覆棺

而塗之所謂菆塗龍輴以椁○椁音郭幬大報反攢塗才丸反下音徒**諸侯輴而設幬**輴不畫龍**爲榆沈故設撥**以水澆榆白皮之汁有急以播地於引輴車滑○沈本又作瀋同昌審反澆古堯反汁之十反滑于八反**三臣者廢輴而設撥竊禮之不中者也而君何學焉**止其學非禮也廢去也紼繫於輴三臣於禮去輴今有紼是用輴僭禮也殯禮大夫菆置西序士掘肂見衽○中丁仲反又如字學如字或音戶教反非注同去羌呂反下同掘求勿反又求月反又戶忽反肂本又作肆以二反棺坎也見賢遍反衽而審反

疏 孺子至學焉○正義曰此論諫哀公不得學僭禮之事○顏柳至學焉○顏柳以有若對非其實恐哀公從之以其正禮而言天子之殯則以龍輴謂畫輴車轅爲龍載柩於上累材作椁而題湊其木幬覆棺上而後塗之其諸侯則以輴載柩不畫爲龍亦累木爲椁設木於上以幬之不爲題湊直橫木復之亦泥塗其上以其有輴須設榆沈備擬牽引爲有榆沈故須設撥撥謂紼也今三臣者依禮廢輴不合用殯今乃設撥用輴是盜竊於禮不中法式而君何得學焉○注畫轅至以椁○正義曰經直云龍輴知

畫輤爲龍者以輤之形狀庫下而寬廣無似龍形唯輤與龍爲形相類故知畫輤也云所謂菆塗龍輴以椁者以其上篇有其文故此言所謂上篇也輴外邊從累其木上與椁齊乃菆木爲題湊爲四阿椁制而塗之○注輤不畫龍○正義曰以上云龍輴此直云輴故云不畫龍其木亦不題湊故鄭注喪大記云諸侯不題湊○注三臣至見衽○正義曰喪大記大夫二綍二碑是大夫有綍綍即紼也又注既夕禮云大夫以上始有四周謂之輴是大夫有輴也此云三臣於禮去輴用輴僭禮不同者大夫以柩朝廟之時用輴綍惟殯時用輁軸不得用輴紼此文據殯時大記及既夕禮謂朝廟及下棺也云大夫菆置西序士掘肂見衽者是喪大記文謂菆叢其木以鄣三面倚於西序肂謂穿地爲坎深淺見其棺蓋上小要之衽言棺上小要之衽出於平地○悼公之母死母哀公之妾哀公爲之齊衰有若曰爲妾齊衰禮與譏而問之妾之貴者爲之緦耳○爲于僞反下爲妾注爲之下弗爲服皆同與音餘公曰吾得已乎哉魯人以妻我言國人皆名之爲我妻重服嬖妾文過非也○嬖必計反【疏】悼公至妻我○正義曰此一節論哀公爲

妾著服非禮之事○注妾之貴者爲之緦耳○正義曰天子諸侯絕旁期於妾無服唯大夫貴妾緦以哀公爲妾著齊衰服故舉大夫貴妾緦以對之耳○公曰吾得已乎哉魯人以妻我者公以有若之譏遂文其過云吾豈得休已而不服之乎所以不得休已者雖是其妾魯人以我無夫人皆以爲我妻故不得不服

○季子皐葬其妻犯人之禾季子皐孔子弟子高柴孟氏之邑成宰或氏季犯躐也○躐力輒反申祥以告曰請庚之申祥子張子庚償也○庚古衡反償徐音尚子皐曰孟氏不以是罪予時僭侈○僭子念反侈昌氏反又赤氏反朋友不以是弃予言非大故以吾爲邑長於斯也買道而葬後難繼也恃寵虐民非也○長丁丈反

【疏】季子皐葬其妻至繼也○正義曰此一節論高柴非禮之事各依文解之○注季子至成宰○正義曰案史記仲尼弟子傳云高柴字子皐少孔子三十歲鄭人也知爲成宰者下文云子皐爲成宰云季者高是其正氏今言季子皐故鄭云或氏季以身處季少故以字爲氏而稱季也猶若子游稱叔

氏仲由稱季路皆其例也弟子傳及論語作子羔與此文子皐字不同者古字通用○子皐至繼也○子皐見申祥請償故拒之云孟氏不以是犯禾之事罪責於我以孟氏自爲奢暴之故也朋友不以是犯禾之事離弃於我以其小失非大故也斯此此也以吾爲邑長於此成邑乃買道而葬清儉大過在後世之人難可繼續也以孟氏不罪於已故鄭云恃寵不肯償禾故云虐民

○仕而未有祿者君有饋焉曰獻使焉曰寡君見在臣位與有祿同也君有饋有饋於君○餽本又作饋其位反遺也使色吏反見賢遍反**違而君薨弗爲服也**以其恩輕也違去也

【疏】仕而至服也正義曰此一節論臣之仕未得祿者與得祿之臣有同有不同之事也故王制云位定然後祿之是先位定而後祿也○君有饋焉曰獻者饋餉也君有饋謂臣有物饋獻於君既奉餉君上故曰獻○使焉曰寡君者使焉謂爲君使往他國此臣若出使則自稱已君爲寡君也言臣雖仕未得祿而有物饋君及出使他國所稱則並與得祿者同也嫌其或異故明之也○違而君薨弗爲服也者此一條則異也違而君薨者違去也謂三諫不從以禮去者若已有祿恩重者雖放出仕他國而所仕

者敵則猶反服服今此未得祿之臣唯在朝時乃服若放出他邦而故君薨所仕雖敵亦不反服也以其本無祿恩輕故也

○虞而立尸有几筵卒哭而諱諱辟其名○辟音避生事畢而鬼事始已謂不復饋食於下室而鬼神祭之已辭也既卒哭宰夫執木鐸以命于宫曰舍故而諱新故爲高祖之父當遷者也易說。帝乙曰易之帝乙爲成湯書之帝乙六世王天之錫命疏可同名○鐸大各反舍音捨自寢門至于庫門百官所在庫門官外門明堂位曰庫門天子皋門

【疏】虞而立尸有几筵卒哭而諱至自寢門至于庫門○正義曰此一節論葬後當以鬼神事之禮未葬由生事之故未有尸既葬親形已藏故立尸以係孝子之心也前所云既窆而祝宿虞尸是也○有几筵者未葬之前殯宫雖有脯醢之奠不立几筵其大斂之奠雖在殯宫但有席而已亦無几也此席素席故前云奠以素器其下室之内有吉几筵今葬訖既設虞祭有素几筵筵雖大斂之時已有至於虞祭更立筵與几相配故云有几筵故士虞禮云祝免澡葛絰帶布席于室中東面右几是也然此虞祭

而有几謂士大夫禮若天子諸侯則葬前有几故周禮司几
筵云喪事素几鄭注云謂殯奠時天子既爾諸侯南面之君
其事亦然○卒哭而諱者諱謂神名也古者生不相諱卒哭
之前猶生事之故不諱至卒哭乃有神諱也○生事畢而鬼
事始已者并解所以虞立尸卒哭而爲神諱義也○既虞卒哭
則生事畢鬼神之義方爲始也○注謂不至辭也○正義曰
合釋有尸有几筵及諱也下室謂内寢生時飲食有事處也
未葬猶生事當以脯醢奠殯又於下室饋設黍稷謝茲云下
室之饋器物几杖如平生鄭君荅張逸云未葬以脯醢奠於
殯又於下室設黍稷曰饋下室内寢也至朔月月半而殷奠
殷奠有黍稷而下室不設也既虞祭遂用祭禮下室遂無事
也然不復饋食於下室文承卒哭之下卒哭之時乃不復饋
食於下室皇氏以爲虞則不復饋食於下室於理有疑○注
政謂至同名○正義曰高祖之父謂孝子高祖之父也於死
者高祖也卒哭猶未遷故云當遷也至小祥乃遷毁也易説
帝乙曰易之帝乙爲成湯者鄭引易證六世不諱故卒哭而
舍高祖之父也易説者鄭引云易緯也凡鄭云説者皆緯候
也時禁緯候故轉緯爲説也故鄭志張逸問禮注曰書説
説何書也荅曰尚書緯也當爲注時時在文網中嫌引祕書
故諸所牵圖讖皆謂之説云案易云帝乙歸妹易乾鑿度説

易之帝乙謂是殷湯也書之帝乙六世王者亦易緯言也書酒誥有帝乙而乾鑿度說云乙是殷六世王也先儒注皆以酒誥帝乙紂父紂父去湯多世不曾於六世也然史記殷本紀云王名乙者甚衆上皆有配字惟紂父稱帝乙耳而湯名乙其六世孫名祖乙即是六世王也既並爲帝故皆得曰帝乙也祖乙是湯六世孫與湯同名是六世得同名云天之錫命疏可同名者此注湯緯語也言帝生之名由天所錫則世疏可同故舉六世以爲證也謂天所錫者殷以生日甲乙爲名則生日是天之命曰爲名也白虎通云殷質以生日名子也故殷大甲帝乙武丁○自寢門至于庫門前既執木鐸以命宫中又出宫從寢門至于庫門寢門路門庫門是魯之外門也百官及宗廟所在之次至庫門咸使知之也魯三門故至庫門耳若天子五門則至皋門也故鄭引明堂位云庫門天子皋門也若凡諸侯則皋應路也

○二名不偏諱。夫子之母名徵在。言在不稱徵。言徵不稱在。稱舉也雜記曰妻之諱不舉諸其側

【疏】二名至稱在○正義曰此一節論不偏諱之事○注稱舉至其側○正義曰引雜記者證稱是舉之義

○軍有憂則素服哭於庫

門之外憂謂爲敵所敗也素服者縞冠也○敗必邁反赴車不載櫜韔兵不戢示當報也以告喪之辭言之謂還告於國櫜甲衣韔弓衣○櫜音羔韔衣亦作韔勅亮反戢側立反【疏】軍有至櫜韔○正義曰此一節論軍敗當報之事○赴車不載櫜韔者軍既有憂從軍赴國之車但露載其甲及弓示有報敵之意故甲則不以櫜戢之弓則不以韔戢之故注云兵不戢示當報也○注以告至弓衣○正義曰案春秋左氏傳禍福稱告崩薨稱赴今軍敗應稱告而稱赴故云以告喪之辭言之案詩云載櫜弓矢春秋傳云右屬櫜鞬皆以櫜爲韜弓此注爲甲衣者以下韔文韔既是弓衣故以櫜爲甲衣○有焚其先人之室則三日哭謂人燒其宗廟哭者哀精神之有虧傷故曰新宮火亦三日哭火人火也新宮火在魯成三年【疏】有焚至日哭○正義曰此一節論哀先人宗廟傷之事○注火人至三年○正義曰案宣十六年左傳云人火曰火天火曰災新宮者魯宣公廟故成三年公羊傳云新宮者何宣公之宮也○

孔子過泰山側有婦人哭於墓者而哀夫子

式而聽之怪其哀甚使子路問之曰子之哭也壹似重有憂者而曰然昔者吾舅死於虎吾夫又死焉今吾子又死焉而猶乃也夫之父曰舅○重直用反夫子曰何爲不去也曰無苛政夫子曰小子識之苛政猛於虎也苛音何本亦作荷識申志反又如字

【疏】孔子至虎也○正義曰此一節論苛政嚴於猛虎之事○子之哭也壹似重有憂者○言子之哭也壹似重疊有憂喪者也壹者決定之辭也○而曰然者而乃也婦人哭畢乃荅之曰然然猶如是是重疊有憂也

○魯人有周豐也者哀公執摯請見之下賢也摯禽摯也諸侯而用禽摯降尊就卑之義○贄音志下戶嫁反而曰不可辭君以尊見卑士禮先生異爵者請見之則辭公曰我其已夫已止也重強變賢○夫音符強其丈反○使人問焉曰有虞氏未施信

於民而民信之夏后氏未施敬於民而民敬之何施而得斯於民也時公與三桓始有惡懼將不安對曰墟墓之間未施哀於民而民哀社稷宗廟之中未施敬於民而民敬言民見悲哀之處則悲哀見莊敬之處則莊敬非必有使之者墟毀滅無後之地○虛本亦作墟同魚起反注同處昌慮反下同殷人作誓而民始畔周人作會而民始疑會謂盟也盟誓所以結衆以信其後外恃衆而信不由中則民畔疑之孔子曰其身正不令而行其身不正雖令不從苟無禮義忠信誠慤之心以涖之雖固結之民其不解乎涖臨○涖音利又音類解佳買反舊胡買反

【疏】魯人至解乎○正義曰此一節論君之臨臣民當以禮義忠信爲本之事各依文解之○何施而得斯於民也者○有虞氏未施信於民而民信之夏后氏未施敬於民而民敬之言虞之與夏施何政教以化民斯此

也而得如此敬信於民也○對曰至民敬○周豐之意以虞之與夏由行敬信於民民見其敬信民自學之不須設言號令故云古昔上墟及墳墓之間是所悲哀之處也人在其所未須施設教化令民使哀而民自哀也社稷宗廟之中嚴凝之處人在其中未須施設教化而民自敬言民之從君在君身所行不在言也若身之不行言亦無益故殷人作誓由身不自行徒有言誓而民始畔也周人作會爲身無誠信而民始疑苟誠也人君之身誠無禮義忠信誠實質慤之心以臨化之雖以言辭誓令堅固結之民其不解散離貳乎言當解散離貳也周豐此言欲令哀公身行誠信不當唯以言辭率下而已○注墟毀滅無後之地○正義曰凡舊居皆曰墟故左傳有莘氏之墟有昆吾之墟故知毀滅無後者以可悲哀故爲無後也○注會謂至疑之○正義曰案昭三年左傳云有事而會不協而盟則盟會別也知此會謂盟者以云而民始疑司盟云邦國有疑則盟詛之故以會爲盟也案尚書夏啓作甘誓此言殷人作誓左傳云夏啓有塗山之會又禹會塗山此云周人作會者此據身無誠信徒作誓盟民因誓因盟而始疑畔非謂殷人始作誓周人始作會若夏啓作甘誓禹會塗山皆身有誠信於事善也穀梁傳云告誓不及五帝盟詛不及三王者五帝三王身行德義不專用誥誓盟詛故

云不及與此不同云信不由中則民畔疑之者隱三年左傳云信不由中質無益也紂爲苛政而作誓命民乃畔之亦是畔疑之事也○喪不慮居謂賣舍宅以奉喪毀不危身謂憔悴將滅性○憔在遥反悴在醉反喪不慮居爲無廟也毀不危身爲無後也○延陵季子適齊於其反也其長子死葬於嬴博之間季子名札魯昭二十七年吳公子札聘於上國是也季子讓國居延陵因號焉春秋傳謂延陵延州來嬴博齊地今泰山縣是也○爲于僞反下同長丁丈反下官長并注同嬴音盈札側八反孔子曰延陵季子吳之習於禮者也往而觀其葬焉往弔之其坎深不至於泉以生恕死○深式鴆反其斂以時服以時行之服○不敢制節既葬而封廣輪揜坎其高可隱也示節也輪從也隱據也封可手據謂高四尺○廣古曠反揜本又作掩於撿反隱於

及反注同從子容反疏延陵至隱也○正義曰此一節論仲尼云季子。得禮之事各依文解之○注季子至是也正義曰知季子名札者案襄二十九年吳公子札來聘是名札也又案襄二十九年季札來聘于魯遂往聘齊衛及晉知非此時子死而云昭二十七年聘上國者此云孔子聞之往而觀其葬焉若襄二十九年孔子纔年九歲焉得觀其葬而善之故爲昭二十七年也云讓國居延陵者春秋襄二十九年吳公子札來聘公羊云吳無君無大夫此何以有君有大夫賢季子也何賢乎季子讓國也謁也餘祭也夷昧也與季子同母者四季子弱而才兄弟皆愛之同欲立之以爲君兄弟迭爲君而致國乎季子皆曰諾故諸爲君者皆輕死爲勇飲食必祝曰天苟有吳國尚速有悔於予身及闔廬使專諸刺僚而致國乎季子季子不受去之延陵終身不入吳國此即季子本封延陵後讓國又居之鄭舉後事言耳延陵名延州來故左傳云延州來季子聘於上國所以鄭又引以會之云春秋傳謂延陵延州來即此經延陵即左傳延州來明是一也○注以生怨死○正義曰言坎以深不至泉以生時不欲近泉故死亦不至於泉以生時之意以怨於死者○注亦節至尺所○正義曰以上斂以行時之服不更制造是其節也今封墳廣輪揜坎其高可隱又是有其節制故云亦是節

也云謂高四尺所者言墳之高可四尺之所以人長八尺低而據之半爲四尺且約上墳崇四尺故云四尺所所所是不定之辭

既封左袒右還其封且號者三曰骨肉歸復于土命也若魂氣則無不之也無不之也還圍也號號哭且言也命猶性也○號戶高反注同而遂行行去也

孔子曰延陵季子之於禮也其合矣乎

（疏）既封至矣乎○正義曰既封墳已竟季子乃左袒其衣案鄭注覲禮云凡以禮事者左袒若請罪待刑則右袒故覲禮云乃右肉袒于廟門之東在喪亦是禮事故喪禮直云袒不云左右今季子長子之喪而左袒者季子達死生之命云骨肉歸復于土不須哀戚以自寬慰故從吉禮也左袒訖乃右而圍遶其封兼且號哭而遶墳三帀也號哭且言曰骨肉歸復于土此是命也命性也言自然之性當歸復于土言歸復者言人之骨肉由食土物而生今還入土故云歸復若神魂之氣則遊於地上故云則無不之適也言無所不之適上或適於天旁適四方不可更及再言之者懸傷離訣之意

○邾婁考公之

喪考公隱公益之曾孫考或爲定○婁力俱反下同徐君使容居來弔含

弔且含○含胡闇反注及下同曰寡君使容居坐含進侯玉其

使容居以含欲親含非也含不使賤者君行則親含大夫歸含耳言侯玉者時徐僭稱王自比天

子○僭子念反有司曰諸侯之來辱敝邑者易則易于

則于易于雜者未之有也易謂臣禮于謂君禮雜者容居以臣欲行君禮

徐自比天子使大夫敵諸侯有司拒之○易則易並以豉反下及注同拒本又作距容居對曰容

居聞之事君不敢忘其君亦不敢遺其祖昔

我先君駒王西討濟於河無所不用斯言也

容居魯人也不敢忘其祖言我祖與今君於諸侯初如是不聞義則服駒

王徐先君僭號容居其子孫也濟渡也言西討渡於河廣大其國魯魯鈍也言魯鈍者欲自明不妄○頓徒困反本亦作

鈍

【疏】邾婁至其祖○正義曰此一節論徐之借禮之事○邾婁考公之喪徐君使大夫容居來弔且含容居致其君命云寡君使容居親坐行含進侯玉於邾君此是使致之○辭也○其使容居以含者此是記人錄語云其使容居奉玉以行含禮邾人有司乃拒之曰諸侯之來屈辱臨於敝邑者若是臣來其禮簡易者則行臣之簡易之禮于謂廣大若君來其禮廣大者則行君之廣大之禮易于雜者謂應簡易而為廣大賓是臣而行君禮是君臣雜亂者未之有也謂由來未有此禮容居乃對邾之有司云容居聞之謂聞於舊日之言云臣之事君奉命出使不敢忘其君之言子孫事祖當光揚先祖亦不敢遺棄其先祖言即不遺先祖之事也○昔我先君駒王西討濟於河言國土廣大○無所不用斯言也者所謂處所斯此也謂我從先君駒王以來於諸侯無一處不用此稱王之言也言我對諸侯恒稱王也容居恐邾人謂其虛誕故云魯鈍之人不解虛詐唯知不敢忘其先祖容居云此者先祖實有此事不虛也上云不敢忘其君不敢遺其祖下直云不敢遺其祖者祖是久遠猶尚不遺忘君見存是不忘可悉故不言也其言先祖即是不忘君○注君行至天子○正義曰知君行則親含者上云曹桓公卒于會諸侯請含是也言大夫歸含者上雜記諸侯之喪君使人弔含贈襚

是也云言侯玉者徐自比於天子以邾君爲已之諸侯言進侯氏以玉故云進侯玉案春秋昭三十年吳滅徐此云徐僭稱王者滅而復興至春秋之後僭號強大稱王猶楚滅陳蔡後更興○注易謂至拒之○正義曰易是簡易故爲臣禮易既爲臣禮以對於于故知于爲君禮也君禮謂之于者于音近迂迂是廣大之義故論語云子之迂也與此同也徐自比天子使大夫敵諸侯者若諸侯使大夫親含諸侯則不可若天子使大夫敵諸侯則得親含徐欲自比天子故有司拒之○注言我至不妄○正義曰言我之先祖駒王與今日徐君稱謂于諸侯自初以來如是稱王非始今日云容居其子孫也者以經云不敢遺其祖即云我先君駒王故知容居是駒王子孫云自明不妄者我若是曉利之人或妄稱先祖之善自言魯鈍似若無識知言語朴實故言欲自明不妄凡實行含禮未斂之前以玉實口士則主人親含大夫以上即使人含若既斂已後至殯葬其有含者親自致璧於柩及殯上者謂之親含若但致命以璧授主人主人受之謂之不親含

子思之母死於衛嫁母也姓庶氏赴於子思子思哭於廟門人至曰庶氏之母死何爲哭於孔氏

之廟乎門人弟子也嫁母與廟絕族子思曰吾過矣吾過矣遂哭於他室○天子崩三日祝先服祝佐含斂先病○祝之六反五日官長服官長大夫士七日國中男女服庶人三月天下服諸侯之大夫虞人致百祀之木可以為棺椁者斬之虞人掌山澤之官百祀畿內百縣之祀也以為棺椁作棺椁也斬伐也○畿音祈不至者廢其祀刎其人徐亡粉反○刎勿粉反疏○天子至其人○正義曰此一節論天子崩尊卑服杖及葬備椁材之事天子崩三日祝先服者祝大祝商祝也服服杖也是喪服之數故呼杖為服祝佐含斂先病故先杖也然云祝服故子亦三日而杖也○五日官長服者大夫士也亦服杖也病在祝後故五日也○七日國中男女服者謂畿內民及庶人在官者服謂齊衰三月而除之必待七日者天子七日而殯殯後嗣王成服故民得成服也○三月天下服者謂諸侯之大夫為王繐衰既葬而除之也近者亦不待三月今據遠者為言耳然四條

皆云服何以知其或杖服或衰服案喪大記云君之喪三日子大夫人杖五日既殯授大夫世婦杖又喪服四制云三月授子杖五日授大夫杖七日授士杖案如大記及四制則知今云三日五日是服杖明矣其七日及三月者雖服而已無杖四制云七日授士杖此云五日士杖者士若有地德深者則五日若無地德薄則七日崔氏云此據朝廷之士四制是邑宰之士也○虞人致百祀之木可以爲棺椁者斬之謂王殯後事也虞人者主山澤之官也百祀者王畿內諸臣采地之祀也言百者舉其全數也既殯旬而布材故虞人斬百祀之木可以爲周棺之椁者送之也必取祀木者賀瑒云君者德著幽顯若存則人神均其慶沒則靈祇等其哀傷也

○齊大饑黔敖爲食於路以待餓者而食之有餓者蒙袂輯屨貿貿然來蒙袂不欲見人也輯斂也斂屨力憊不能屨也貿貿目不明之貌○饑居宜反字林九依反本又作飢同黔其廉反徐渠嚴反而食音嗣下奉食同袂彌世反輯側立反貿徐亡救反又音茂一音牟斂力檢反下同黔敖左奉食右執飲曰嗟來食揚其目而視之

曰予唯不食嗟來之食以至於斯也嗟來食雖閔而呼之非敬辭。奉芳勇反從而謝焉終不食而死從猶就也曾子聞之曰微與其嗟也可去其謝也可食微猶無也無與止其狂狷之辭。與音餘注同狷音絹

【疏】齊大至可食。正義曰此一節論饑者狂狷之事。黔敖既見餓者而來乃左奉其飯右執其飲見其餓者困咨嗟愍之故曰嗟乎來食餓者聞其嗟已無敬已之心於是發怒揚舉其目而視之曰予唯不食嗟來無禮之食以至於斯斯此也以至於此病困怒而遂去黔敖從逐其後辭謝焉餓者終不食而死曾子聞之曰微與者微無也與語助言餓者無得如是與初時無禮之嗟也可怒之而去其終有禮之謝也可反迴而食曾子嫌其狂狷故爲此辭狂者進取一槩之善仰法夷齊耿介狷者直申已意不從無禮之爲而餓者有此二性故止之。

邾婁定公之時有弒其父者定公貜且也魯文十四年即位。有殺本又作弒同式志反下臣殺子殺同貜俱縛反且子餘反有司以告公瞿然失席

曰是寡人之罪也民之無禮教之罪○瞿本又作懼紀具反曰寡人嘗學斷斯獄矣臣弒君凡在官者殺無赦子弒父凡在宮者殺無赦言諸臣子孫無尊卑皆得殺之其罪無赦○斷丁亂反殺其人壞其室洿其宮而豬焉明其大逆不欲人復處之豬都也南方謂都爲豬○殺如字壞音怪洿音烏豬音誅復扶又反蓋君踰月而后舉爵自貶損

【疏】邾婁至舉爵○正義曰此一節論誅弒父之事○曰寡至無赦○定公旣見有司告以人弒其父乃言曰寡人嘗試學斷此弒父之獄矣臣之弒君凡在官之人無問貴賤皆得殺此弒君之人無得縱赦之也子之弒父凡在宮者無問尊卑皆得殺此弒父之人不得縱赦之此在宮字諸本或爲在官恐與上在官相涉而誤也○注言諸至無赦○正義曰言諸臣解在官者言子孫解在宮者言此等之人若見弒君弒父之人無問尊卑皆得殺之謂理合得殺若力所不能亦不責也故春秋崔杼弒莊公而晏子不討崔杼而不責晏子若力能討而不討則責之春秋董狐書趙盾云子爲正卿

亡不出竟反不討賊書以弑君是也鄭此云子孫無問尊卑皆得殺之則似父之弑祖子得殺父然子之於父天性也父雖不孝於祖子不可不孝於父今云子者因孫而連言之或容兄弟之子耳除子以外皆得殺其弑父之人異義衛輒拒父公羊以爲孝子不以父命辭王父之命許拒其父左氏以爲子而拒父悖德逆倫大惡也鄭駁異義云以父子私恩言之則傷仁恩則鄭意以公羊所云公義也左氏所云是私恩也故知今子之報殺其父是傷仁恩也若妻則得殺其弑父之夫故異義云妻甲夫乙毆母甲見乙毆母而殺乙公羊說甲爲姑討夫猶武王爲天誅紂鄭駮之云乙雖不孝但毆之耳殺之太甚凡在官者未得殺之殺之者士官也如鄭此言歐母妻不得殺之若其殺母妻得殺之○注豬都至爲豬焉正義曰案孔注尚書云都謂所聚也此經云洿其宮而豬焉謂掘洿其宮使水之聚積焉故云豬都也鄭恐豬不得爲都故引南方之人謂都爲豬則彭蠡既豬豬是水聚之名也

○晉獻文子成室晉大夫發焉文子趙武也作室成晉君獻之謂賀也諸大夫亦發禮以往張老曰美哉輪焉美哉奐焉心譏其奢也輪輪囷言高大奐言衆多○奐音渙本亦作煥奐爛言衆多也囷

起倫反

歌於斯哭於斯聚國族於斯祭祀死喪燕會於此足矣言此者欲防其後復爲

文子曰武也得歌於斯哭於斯聚國族於斯是全要領以從先大夫於九京也北面再拜稽首全要領者免於刑誅也晉卿大夫之墓地在九原京蓋字之誤當爲原○要一遥反注及下注要君同京音原下同下亦作原字

君子謂之善頌善禱善頌謂張老之言善禱謂文子之言禱求也○禱丁老反祈也

【疏】晉獻至善禱○正義曰此一節論文子成室相禱頌之事各隨文解之○晉獻子成室者獻謂慶賀也文子晉卿趙武也成室謂文子作宮室成也文子宮室成晉君往賀也○晉大夫發焉者發禮也晉君既賀則朝廷大夫並發禮同從君往賀之張老曰美哉輪焉者張老亦往慶之一大夫也心譏文子宮室飾麗故佯而美之也輪謂輪囷高大也春秋外傳曰趙文子爲室斲其椽而礱之張老諫之是也○美哉奐焉者奐謂其室奐爛衆多也既高又多文飾故重美之王云奐言其文章之貌也○歌於斯者歌謂祭祀時奏樂也斯此也張老

前美其飾麗後又防更造也言此室可以祭祀歌樂也然大夫祭無樂而春秋時或有之也○哭於斯者又言此室亦足居喪哭泣位也○聚國族於斯者又言此室可以燕聚國賓及會宗族也終始永足切勿復更造作○文子曰武也得歌於斯哭於斯聚國族於斯者武文子名也○文子覺譏故稱名自陳將自陳數前譏具領述張老之言也○是全要領以從先大夫於九京也者領頸也古者罪重要斬罪輕頸刑也先大夫謂文子父祖以其世爲大夫故稱父祖爲先大夫也九原○文子家世舊葬地也文子述張老語竟故說此自陳也言若得保此宅以歌哭終於餘年不被罪討是完全要領壽終而卒以從先大夫葬於九原也○北面再拜稽首者辭畢乃北面拜稽首謝過受諫也北面者在堂禮也故鄉飲酒禮賓主皆北面拜○君子謂之善頌善禱者君子者知禮之人也見張老與文子皆能中禮故善之也頌者美盛德之形容禱者求福以自輔也張老因美而譏之故爲善頌文子聞過即服而拜故爲善禱也○注晉卿至爲原○正義曰案墓大夫云令國民族葬注云族葬各從其親是卿大夫墓地得同在一處知京當爲原者案韓詩外傳云晉趙武與叔向觀於九原又爾雅云絕高爲京廣平曰原非葬之處原是墳墓之所故爲原也

○仲尼之畜狗死畜狗

馴守○畜許六反又許又反馴守上音巡下如字又手又反使子貢埋之曰吾聞之也敝帷不弃爲埋馬也敝蓋不弃爲埋狗也丘也貧無蓋於其封也亦予之席毋使其首陷焉封當爲窆陷謂沒於土○貢本亦作贛音同爲埋于僞反下亡皆反下並同狗古口反封彼斂反出注路馬死埋之以帷路馬君所乘者其他狗馬。不能以帷蓋○季孫之母死哀公弔焉曾子與子貢弔焉閽人爲君在弗內也閽人守門者○閽音昏弗內上如字下音納曾子與子貢入於其廄而脩容焉更莊飾○廄久又反子貢先入閽人曰鄉者已告矣既不敢止以言下之○鄉許亮反下戶嫁反曾子後入閽人辟之見兩賢相隨彌益恭也○辟音避下同涉內霤卿大夫皆辟位公降一等而揖之禮之○霤力又反君子言之曰盡飾之道斯其行者遠矣〔疏〕季孫至遠矣○正義曰此一節論君子加服人乃敬之事○卿大至遠矣○二子既入涉至內霤卿與大夫皆逡巡辟位公於堂上降階一等揖而禮之於時君子以二子盛飾備禮遂美之云凡人盡其容飾則被崇禮其盡飾道理斯此此其施行可久遠矣所以可久遠者以二子初時不具衣服則閽人拒之二子退而脩容閽人雖是愚鄙猶知敬畏明其不愚之人則敬畏可知是其盡飾之道行之可長遠矣案喪大記君臨大夫之喪君即位於序端卿大夫即位于堂廉楹西北面東上是辟位者蓋少西逡巡而東面不當北面之位然君在大夫得斯爲二子辟位者卿大夫等見公將降故先辟位或可此公始入升堂之後卿大夫猶庭中北面辟位者謂辟中庭之位少近東耳又弔有常服而得特爲盡飾者謂更服新衣也○陽門之介夫死陽門宋國門名介夫甲衛士司城子罕入而哭之哀宋以武公諱司空爲司城子罕戴公子樂甫術之後樂喜也○罕可旱反晉人之覘宋者反

報於晉侯曰陽門之介夫死而子罕哭之哀而民説殆不可伐也覘闚視也○覘勑廉反下同説音悅下注同闚去規反孔子聞之曰善哉覘國乎善其知微詩云凡民有喪扶服救之救猶助也○扶服並如字又上音蒲下音蒲北反本又作匍匐音同雖微晉而已天下其孰能當之微猶非也○當丁郎反

疏 陽門至當之○正義曰此一節論善覘國之事各依文解之○注宋以至喜也○正義曰宋以武公諱司空者桓六年左傳申繻之辭也知有司城者以春秋之時唯宋有司城無司空又冬官考工記匠人營國是司空主營城郭故知廢司空爲司城服虔杜預注傳皆以爲然云子罕戴公子樂甫術之後者案世本戴公生樂甫術術生石甫願繹繹生夷甫傾傾生東鄉克克生西鄉士曹曹生子罕喜是子罕爲術之五世孫也○殆不可伐也者言介夫匹庶之賤人而子罕是國之卿相以貴哭賤感動民心皆喜悅與上共同死生若有人伐民必致死故云殆不可伐也殆近也不能正執故云殆不可伐爲疑辭也○詩云

至當之○引詩邶谷風之篇也時有愛其新昏弃其舊室舊室恨之我初來之時爲女盡力所以盡力者以凡人家死喪鄰里尚扶服盡力往救助之況我於女夫家而何得不盡力今此引詩斷章云凡民有喪則陽門之介夫死是也在上扶服而救助之則子罕哭之哀是也○雖微晉而已者微非也言晉之強盛猶不能當宋雖非晉之強天下更有強於晉者誰能當之言縱有強者不能當宋而已是助語句也

○魯莊公之喪既葬而絰不入庫門 時子般弒慶父作亂閔公不敢居喪葬已吉服而反正君臣欲以防遏之微弱之至○般音班弒音試遏於葛反 士大夫既卒哭麻不入 麻猶絰也羣臣畢虞卒哭亦除喪也閔公既吉服不與虞卒哭○與音預

疏 魯莊至不入○正義曰此一節論禮變所由也莊公閔公父也絰葛絰也諸侯弁絰葛而葬也魯之庫門天子之皐門也莊公以三十二年薨大子般立十月已未共仲使圉人犖賊子般於黨氏立閔公慶父作亂閔公時年八歲不敢居喪三年既葬竟除凶服於外吉服反以正君臣故絰不入庫門也所以至庫門而去絰○注時子至而反○正義曰案春秋左氏傳慶父使圉人犖賊子般於黨氏是子般弒慶父作亂之事也云閔公

不敢居喪者閔公是莊公之子夫人哀姜之娣叔姜所生以葬畢即除服故云不敢居喪經云絰不入者謂葛絰故前文云天子諸侯葛絰帶而葬所以云不入庫門者以魯有三門庫雉路庫門最在外以從外來故經不入庫門絰既不入哀亦不入可知也○注麻猶至卒哭○正義曰經云大夫既卒哭麻不入上云絰不入故云麻猶絰也其實上是君身絰用葛士大夫是臣故絰用麻也云羣臣畢虞卒哭亦除喪也者亦閔公也閔公葬而除喪今羣臣卒哭乃除喪者以閔公既葬須即位正君臣故既葬而除羣臣須行虞卒哭之際故卒哭乃除之云閔公既吉服不與虞卒哭者按論語云羔裘玄冠不以弔虞卒哭並是凶事閔公既服吉服故不與也此云麻不入者承上庫門亦謂不入庫門也謂卒哭已後麻不復入按喪服注卿大夫既虞士卒哭而受服則既虞服葛此卒哭之麻不入者皇氏云時禍亂迫蹙君既服吉服故士大夫既虞不復受服至卒哭揔除

○孔子之故人曰原壤其母死夫子助之沐椁沐治也○壤如丈反原壤登木曰久矣予之不托於音也木椁材也託寄也謂叩木以作音○材音才歌曰貍首之

班然執女手之卷然說人辭也○貍力知反女如字徐音汝卷音權本又作拳夫子爲弗聞也者而過之佯不知○佯音羊從者曰子未可以已乎已猶止也○從才用反以已並音以夫子曰丘聞之親者毋失其爲親也故者毋失其爲故也〔疏〕孔子至故也○正義曰此一節論孔子無大故不遺故舊之事○原壤登椁材而言曰久矣予之不託於音也託寄也謂我遭喪母以來日月久矣我不得託寄此木以爲音聲於是乎叩木作音口爲歌曰貍首之班然者言斲椁材文采似貍之首○執女手之卷然者孔子手執斤斧如女子之手卷卷然而柔弱以此歡說仲尼故注云說人辭也然在喪而歌非禮之甚夫子爲若不聞也者而過去之從者見其無禮謂夫子曰彼既無禮子未可休已乎言應可休休已不須爲治椁也夫子對從者曰朋友無大故不相遺棄丘聞之與我骨肉親者雖有非禮無失其爲親之道尚得與之和睦故舊者雖有非禮無失其爲故之道尚得往來原壤有非禮既是故舊身無殺父害君之故何以絕之按論語云主忠信無友不如已者左傳

吳季札譏叔孫穆子好善而不能擇人原壤母死登木而歌夫子聖人與之爲友者論語云無友不如已者謂方始爲交遊須擇賢友左傳云好善而不能擇人者謂不善之人不可委之以政今原壤是夫子故舊爲日已久或平生舊交或親屬恩好苟無大惡不可輒離故論語云故舊無大故則不相遺棄彼注云大故謂惡逆之事殺父害君乃爲大故雖登木之歌未至於此且夫子聖人誨人不倦宰我請喪親一期終助陳桓之亂互鄉童子許其求進之情故志在攜獎不簡善惡原壤爲舊何足怪也而皇氏云原壤是上聖之人或云是方外之士離文弃本不拘禮節妄爲流宕非但敗於名教亦是誤於學者義不可用其云原壤中庸下愚義實得矣

○趙文子與叔譽觀乎九原。叔譽叔向也晉羊舌大夫之孫名。○譽音預向許亮反肸許乙反　文子曰死者如可作也吾誰與歸也。作起　叔譽曰其陽處父乎。陽處父襄公之大傅。○父音甫注同傅音賦　○文子曰行并植於晉國不沒其身其知不足稱也。并猶專也謂剛而專已爲狐射姑所殺沒終也植或爲特○行舊下孟反皇如字并必正反注同植直吏反又時力反注同知音智射音亦又音夜其身犯乎文子曰見利不顧其君其仁不足稱也謂久與文公辟難至將反國無安君之心及河授璧詐請亡要君以利是也○難乃旦反要一遥反我則隨武子乎利其君不忘其身謀其身不遺其友武子士會也食邑於隨范字季晉人謂文子知人見其所善於前則知其來所舉文子其中退然如不勝衣中身也退柔和貌鄉射記曰居二寸以爲倚中退或爲妥○退然音退本亦作退勝音升妥他果反其言吶吶然如不出其口吶吶舒小貌○吶如悅反徐似劣反所舉於晉國管庫之士七十有餘家管庫之士府史以下官長所置也舉之於君以爲大夫士也管鍵也庫物所藏○長丁丈反鍵其展反徐其偃反籥也生不交利廉也死不屬其子焉潔也○屬音燭【疏】趙文至子焉○正義

曰此一節論趙文子知人之事各依文解之○注叔譽至名肸○正義曰知叔譽是叔向者案韓詩外傳云趙文子與叔向觀於九原故知叔譽是叔向也云晉羊舌大夫之孫名肸者案左氏羊舌是邑名晉大夫公族爲羊舌大夫也故閔二年左傳云羊舌大夫爲尉羊舌大夫生羊舌職職生叔向是羊舌大夫之孫也又昭三年左傳叔向與齊晏子語云肸又無子是名肸死者如可作也吾誰與歸者○文子云此處先世大夫死者既衆假令生而可作起吾於衆大夫之內而誰最賢可以與歸○文子至稱也者并猶專也植謂剛也文子曰言處父唯行專權剛强於晉國自招殺害不得以理終没其身是不能防身遠害以其無知故也故云其知不足稱也○注并猶至爲特○正義曰并者謂并他事以爲已有是專權之事故云并猶專也云謂剛而專已者剛經中植也文五年甯嬴從陽處父及溫而還其妻問之嬴曰夫子剛又文六年晉蒐于夷使狐射姑將中軍趙盾佐之陽處父至自溫改蒐于董易中軍以趙盾爲將狐射姑爲佐狐射姑恨之使續鞫居殺陽處父故傳云賈季怨陽子之易其班也賈季即狐射姑也賈是采邑季則其字也○見利至稱也者文子云舅犯見君反國恐不與已利禄遂不顧其君詐欲奔去唯求財利無心念君無仁愛之心其仁不足稱也○注謂久至利

是。正義曰案左傳僖五年辟驪姬之難至僖二十四年反國是久與文公辟難也又案僖二十四年左傳云及河子犯以璧授公子曰臣負羈紲從君巡於天下臣之罪甚多矣臣猶知之而況君乎請由此亡公子曰所反國不與舅氏同心者有如白水是要君求利之事也。利其至其友者文子稱隨武子之德凡人利君者多性行偏特不顧其身今武子既能利君又能不忘其身利其君者謂進思盡忠不忘其身者保全父母謀其身不遺其友者凡人謀身多獨善於已遺弃故舊今武子既能謀身又能不遺其朋友此二句言武子德行弘廣外內周備故襄二十七年左傳論范武子之德云文子之家事治言於晉國無隱情無隱情則利君也家事治則不忘其身處父舅犯其事顯於春秋故鄭其言之隨武子之亦春秋文無指的故鄭亦不言也文七年士會與先蔑俱迎公子雍在秦三年不見先蔑及士會還晉遂不見蔑而歸是遺其友而云不遺者彼謂共先蔑俱迎公子雍懼其同罪禍及於已故不見之非是無故相遺也。文子至其口者。作記者美文子知人既美隨士會於前知其所舉還如隨會之比此論文子之貌文子身形退然柔和似不勝其衣言形貌之卑退也其發言舒小似呐呐然如不出諸口謂言語卑下也。注鄉射至侯中。正義曰引之者證中爲身也故儀禮鄉射記曰鄉侯五十弓弓長六尺謂鄉射去射處五十步一步料二寸以爲侯中則侯中方一丈中謂身也○注舉之至鍵也○正義曰知爲大夫士者以經稱家家是大夫士之總號案月令注管籥搏鍵器鍵謂鎖之入內者俗謂之鎖須管謂夾取鍵今謂之鑰匙則是管鍵爲別物而云管鍵者對則細別散則大同爲鍵而有故云管鍵○生不交利者謂文子生存之日不交涉爲利是謂不與利交涉也○死不屬其子者謂臨死時不私屬其子於君及朝廷也案禮記文子成室被張老所譏樂奏肆夏從趙文子始禮記顯其奢僭者晉爲霸主總領諸侯武爲晉相光顯威德此乃事勢須然無廢德行之善且仲尼之門尚有柴愚參魯管仲相齊亦有三歸反坫亦何怪也

○**叔仲皮學子柳** 叔仲皮魯叔孫氏之族學教也子柳仲皮之子○學戶教反注同

叔仲皮死其妻魯人也衣衰而繆絰 衣當爲齊壞字也繆當爲木樛垂之樛士妻爲舅姑之服也言雖魯鈍其於禮勝學○衣衰依注衣作齊音咨繆依注讀曰樛音居虯反爲舅于僞反下爲舅爲天子不爲兄不爲聾同魯鈍徒困反亦作頓

叔仲衍以告 告子柳言此非也衍蓋皮之弟衍或爲皮○衍以善反注同

請

總衰而環絰總衰小功之縷而四升半之衰環絰弔服之絰時婦人好輕細而多服者行既不知禮之本子柳亦以爲然而請於衍使其妻爲舅服之○總衰上音歲下七雷反縷力主反好呼報反曰昔者吾喪姑姊妹亦如斯末吾禁也行答子柳也姑姊妹在室齊衰與婦爲舅姑同末無也言無禁我欲其言行○喪如字末莫曷反退使其妻總衰而環絰婦○以諸侯之大夫爲天子之衰弔服之絰服其舅非

[疏]叔仲至環絰○正義曰此一節論子柳失禮之事○叔仲氏也皮是名言叔仲皮教訓其子子柳雖受父教猶不知禮在後叔仲皮死其妻魯人也其子柳之妻是魯鈍婦人雖曰魯鈍猶知爲舅姑而身著齊衰而首服繆絰也謂絞麻爲絰○叔仲衍以告者衍是皮之弟子柳之叔既見當時婦人好尚輕細見子柳之妻身著齊衰以告子柳汝妻何以著非禮之服子柳見時皆爾亦以爲然以妻非禮遂請於衍欲令其妻身著緦衰首服環絰衍答子柳云昔者吾喪姑姊妹亦如斯斯此也謂如此緦衰環絰○末吾禁也者末無也我著緦衰環絰無人於吾而相禁者既無禁明其得著緦衰衍告子柳如此子柳得衍言乃退使其妻著緦衰而環絰

○注叔仲至之族○正義曰知者案世本桓公生僖叔牙叔牙生武仲休休生惠伯彭彭生皮爲叔仲氏故云叔孫氏之族○注衣當至勝學○正義曰喪服婦爲舅姑齊衰無衣衰之文故知衣是齊字但齊字壞滅而有衣在云繆讀爲不樛垂之樛者讀從喪服傳不樛垂之樛樛謂兩股相交也五服之絰皆然唯弔服環絰不樛耳云士妻爲舅姑之服也者以子柳以仲叔爲氏則非庶人也又春秋叔仲皮等經傳無文則非卿大夫也故以爲士妻其實大夫妻爲舅姑亦齊衰○注衍蓋皮之弟○正義曰知者以叔仲衍叔仲皮皆以單字爲名故疑是兄弟也又子柳請衍則衍尊於子柳是子柳叔也○緦衰至服之○正義曰知緦衰小功之縷而四升半者約喪服傳文云環絰弔服之絰者約周禮司服首服弁絰一鄭注云弁絰者如爵弁而素加環絰又鄭注雜記云環絰者一股所謂纏絰也纏纏而不樛是環絰不樛也云時婦人好輕細而多服此者若時人不服此服則衍與子柳應知緦衰爲非今子柳既受學於父不肯粥庶弟之母非是下愚而不知其非禮明當時皆著輕細故也○注婦以至舅非○正義曰以諸侯之大夫爲天子之衰據喪服謂緦衰也云弔服之絰者謂環絰既以此服服舅故云非也○

成人有其兄死而不爲衰者

聞子皋將爲成宰。遂爲衰成人曰蠶則績而蟹有匡范則冠而蟬有緌兄則死而子皋爲之衰

蚩兄死者言其衰之不爲兄死如蟹有匡蟬有緌不爲蠶之績范之冠也范蜂也蟬蜩也緌謂蜩喙長在腹下○成本或作郕音承蠶七南反蟹戶買反緌耳佳反蚩昌之反蜂孚逢反蜩音條喙呼惠反又丁角反

［疏］成人至之衰○正義曰此一節論成人無禮之事成孟氏所食采地也即前犯禾之邑也此邑中民有兄死而弟不爲兄制服者也○聞子皋將爲成宰遂爲衰者此不服兄者聞孔子弟子子皋其性至孝來爲成之宰必當治前不孝之人恐罪及已故懼之遂制衰服也○正義曰蠶則績而蟹有匡者成人謂成邑中識禮之人也譏笑不服兄衰仍爲設二譬也蠶則績絲作繭蟹有匡者蟹背殼似匡仍謂蟹背作匡○范則冠而蟬有緌者范蜂也蜂頭上有物似冠也蟬蜩也緌謂蟬喙長在口下似冠之緌也○兄則死而子皋爲之衰者以是合譬也蠶則須匡以貯繭而今無匡蟹背有匡匡自著蟹則非爲蠶設蜂冠無緌而蟬口有緌緌自著蟬非爲蜂設亦如成人兄死初不作衰後畏於子皋方爲制服服是子皋爲

之非爲兄施亦如蟹匡蟬緌各不關於蠶蜂也○樂正子春之母死五日而不食曰吾悔之勉強過禮子春曾子弟子○強其兩反自吾母而不得吾情吾惡乎用吾情惡乎猶於何也○惡音烏注同〔疏〕樂正至吾情○正義曰此一節論孝子遭喪哀過之事樂正子春即曾子弟子子坐於牀下者是也此其母死五日而不食者禮三日其五日過二日○曰吾悔之者悔其不以實情勉強而至五日○自吾母而不得吾情吾惡乎用吾情者自吾母死而不得吾之實情而矯詐勉強爲之更於何處用吾之實情乎○歲旱穆公召縣子而問然然之言焉也凡穆或作繆○旱音汗縣音懸繆音穆曰天久不雨吾欲暴尫而奚若奚若何如也尫者面鄉天覬天哀而雨之○雨于付反注及下同暴步卜反下同尫烏光反鄉許亮反覬音冀本又作幾音同曰天久不雨而暴人之疾子虐毋乃不可與錮疾人之所哀暴之是虐○暴人之疾子一讀以子字向下與音餘錮音固然

則吾欲暴巫而奚若曰天則不雨而望之愚婦人於以求之毋乃已疏乎已猶甚也巫主接神亦覬天哀而雨之春秋傳說巫曰在女曰巫在男曰覡周禮女巫旱暵則舞雩○覡胡狄反旱暵呼旦反雩音于徙市則奚若曰天子崩巷市七日諸侯薨巷市三日爲之徙市不亦可乎徙市者庶人之喪禮今徙市是憂戚於旱若喪○徙市上音死下音是爲于僞反不亦可乎可或作善

〔疏〕歲旱至可乎○正義曰此一節論歲旱變之事○望之愚婦人於以求之毋乃已疏乎○縣子云天道遠人道近天則不雨而望於愚鄙之婦人欲以暴之以求其雨已甚也無乃甚疏遠於求雨道理乎言甚疏遠於道理矣○注春秋至曰覡○正義曰所引春秋傳者外傳楚語昭王問觀射父絕地通天之事觀射父對云民之精爽不攜貳者明神降之在男曰覡在女曰巫然案楚語精爽不攜貳者始得爲巫此經而云愚婦人者據末世之巫非復是精爽不攜貳之巫也○注徙市者庶人之喪禮正義曰今徙市是憂戚於旱若居天子諸侯之喪必巷市者

以庶人憂慼無復求覓財利要有急須之○孔子曰衛人

物不得不求故於邑里之内而爲巷市

之祔也離之祔謂合葬也離之有以間其椁中○祔音附下同合音閤下同間間厠之間魯

人之祔也合之善夫善夫善魯人也祔葬當合也○善夫音扶【疏】孔子至善

夫○正義曰此一節論魯衛得失各依文解之○魯衛兄弟

應同周法故並之也祔謂合葬也離之謂以一物隔二棺之

間於椁中也所以然者明合葬猶生時男女須隔居處也○

魯人之祔也合之善夫者○魯人則合並兩棺置椁中無別

物隔之言異生不須復隔○穀則

異室死則同穴故善魯之祔也

附釋音禮記注疏卷第十

江西南昌府學栞

禮記注疏卷十挍勘記　阮元撰盧宣旬摘錄

檀弓下

公叔文子卒節

其子戍　石經同嘉靖本同閩監毛本戍作戌岳本同衛氏集說同浦鏜挍云戌誤戍

公叔至文子　惠棟挍宋本無此五字

此一節論謂君誄臣之謚法　閩監毛本同惠棟挍宋本謂作請是也衛氏集說同

若呼其名　閩監毛本同惠棟挍宋本若作君衛氏集說同

故謂至文子者　閩監毛本同惠棟挍宋本無者字

道德博聞曰文　閩監本同衛氏集說同毛本聞誤文

石駘仲卒節

有庶子六人閩監本同石經同岳本同嘉靖本同衛氏集說同考文引宋板同毛本子誤人

石駘至知也惠棟挍宋本無此五字

此一節論龜兆知賢知之事閩監毛本同衛氏集說脫下知字

禮有詢立君惠棟挍宋本作詢此本詢誤詣閩監毛本同

陳子車死於衛節

度諫之不能正閩監毛本同惠棟挍宋本正作止宋監本岳本嘉靖本同衛氏集說同考文引古本足利本同案正義云子亢不能止之又云自度不能止據此則作止者爲是

陳子至果用惠棟挍宋本無此五字

子路曰傷哉貧也節

啜菽飲水盡其歡閩監毛本同石經同岳本同嘉靖本同衛氏集說同正義亦作菽釋文出啜叔云叔

或作菽

斂手足形 閩監毛本同石經同岳本同嘉靖本同衞氏集說同釋文出斂手案正義云斂其頭首及足形體不露是正義本經文當作首今作手與疏標經句合與疏說經義不合盧文弨云首足見上篇此疏內亦以頭首爲言知手字誤秦板作首是也

子路至謂禮 惠棟按宋本無此五字

斂手足形者 閩監毛本同盧文弨按手改首

衞獻公出奔節

獻公以魯襄十四年出奔齊 閩監毛本同岳本同嘉靖本同衞氏集說襄下有公字考文引古本足利本同案正義云知獻公以魯襄公十四年出奔齊者又云是獻公以魯襄公十四年出奔據是正義本當有公字

衛獻至果班 惠棟按宋本無此五字

日旰不召 惠棟按宋本作旴監本同此本旰誤旴閩毛本同

衛有大史曰柳莊節

所以此禭之者 閩監毛本同岳本同嘉靖本同衛氏集說以下又有以字考文引古本足利本作所以可以此禭之者

衛有至變也 惠棟按宋本無此五字

其家自告 閩監毛本同衛氏集說自作以

爲禮未畢公再拜稽首 監毛本如此此本畢下衍一○閩本同

是大斂得用禭也 閩監毛本同惠棟按宋本禭上有君字

陳乾昔寢疾節

陳乾至果殺　惠棟挍宋本無此五字

且言陳乾昔者謂亦久纓疾病　閩本同監毛本纓作嬰餘同惠棟挍宋本且作上謂亦作亦謂

又晉趙孟孝伯並將死其語偷　閩監毛本同齊召南云按此引晉趙文子及魯孟孝伯兩事也孝伯上脫魯孟二字

仲遂卒于垂節

有事於太廟　閩監毛本同惠棟挍宋本太作大宋監本岳本同嘉靖本同廟作庿衛氏集說作有事于大廟

仲遂至不繹　惠棟挍宋本無此五字

故於後始稱傳曰　閩監毛本作始此本始誤如

季康子之母死節

斂下棺於槨 閩本同衞氏集說亦作槨監毛本槨作椁岳本同嘉靖本同下同○按依說文當作椁從木𩫏亦聲

多技巧者 閩監毛本作技岳本同嘉靖本同衞氏集說同此本技誤枝下嘗其技巧同釋文出多技云下同

般爾以人之母嘗巧 閩監毛本同石經同岳本同嘉靖本同衞氏集說同釋文出爾曰云古以字

言寧有强使女者與 惠棟挍宋本作寧宋監本岳本嘉靖本同此本寧誤强閩監毛本作誰亦非考文云古本足利本作寧

其母以嘗巧者乎 惠棟挍宋本宋監本閩本石經岳本同衞氏集說同監毛本毋誤母嘉靖本同釋文出其毋云音無注亦云毋無也則經不作母明甚盧文弨挍云依注當作毋下放此又禮記音義考證云近人所讀則皆

不得以其毋以背巧者乎爲一句改毋爲毋與鄭注不合失之矣○按當作毋故陸德明音無今釋文作毋亦非

季康至果從　惠棟按宋本無此五字

時人服般之巧將從之　閩監毛本同此本將上衍一○

執斧以涖匠師是也　閩監毛本作涖此本涖字闕

不正相當比擬之辭也　閩監毛本作比擬衛氏集說同此本比擬二字闕

以禮廟庭有碑　惠棟按宋本作以禮續通解同此本以禮二字闕閩監毛本作儀禮按儀字非也

牲入麗于碑　各本如是此本牲作性誤也

云穿中於間爲鹿盧所　閩監毛本作者此本作所屬下讀

鹿盧兩頭各入碑木　閩監毛本作各衛氏集說同此本各誤名

聽鼓聲以漸卻行而下之 閩監毛本作漸衛氏集說同此本漸誤斬

故云四植謂之桓也 監毛本作植衛氏集說同此本植誤桓閩本同

大夫亦二碑 閩監毛本作二此本二誤三

所以用之以得爲休已之字者 閩監毛本同惠棟挍宋本所以下乂有以字

乃得通用謂用 閩監毛本同惠棟挍宋本無謂用二字

依說文止毋是禁辭 閩監毛本同惠棟挍宋本止作上

毋止其辭讓也 惠棟挍宋本閩監毛本讓作議

故傷之而爲此聲也 惠棟挍宋本此下標禮記正義卷第十三終

戰于郎節 惠棟挍宋本自此節起至孔子曰節止爲第十四卷卷首題禮記正義卷第十四

戰于至可乎 惠棟挍宋本無此五字

此節論童子死難之事 閩監毛本同考文引宋板節上有一字衛氏集說同

郎者魯之近邑也 閩監毛本同惠棟挍宋本無之字

案桓十年齊魯衛侯鄭伯來戰于郎 閩監毛本同惠棟挍宋本魯作侯是也

以其俱有童汪踦之事 閩監毛本同惠棟挍宋本踦作錡○按此引左氏傳作錡不作踦也

子路去魯節

去國則哭于墓而后行 閩監毛本作國石經同岳本同嘉靖本同衛氏集說同此本國誤同

子路至則下 惠棟挍宋本無此五字

注無君事主於孝 閩監毛本作君事此本君事二字倒

曰墓謂他家墳壟 閩監毛本同考文引宋板曰字闕盧文弨挍云宋板無曰字有空疑當作圈浦鏜挍云曰當者誤

工尹商陽節

與陳弃疾 閩監本同石經同岳本嘉靖本同衛氏集說同毛本弃作棄下經注及疏同

工尹楚官名 閩監毛本同岳本同嘉靖本同衛氏集說同惠棟挍宋本楚作是盧文弨挍云宋本作是不可從○按盧文弨是也疏云楚皆以尹爲官名故知工尹楚官名也

司馬督 閩監毛本同岳本同嘉靖本同衛氏集說同釋文出馬裻云本亦作督正義本作督○按依說文當作裻亦作禱督假借字

子手弓而可手弓 閩監毛本同岳本同嘉靖本同衛氏集說同石經此處闕考文云古本可下有也字案正義作一句讀則可下不得有也字其讀至可字絕句者家語分句之異也正義所謂附之以廣見聞是也

商陽仁不忍傷人閩本同惠棟挍宋本宋監本岳本嘉靖本同衛氏集說同足利本同監毛本商誤謂傷作殺

以王事勸之閩毛本同岳本同嘉靖本同衛氏集說同監本王誤至考文引足利本王作君

又及閩監毛本同石經同岳本同嘉靖本同衛氏集說同釋文出又及云本或作又及一人又一人後人妄加耳考文引足利本作又及一人案正義云此謂吳師既走而後逐之故云又及一人則是不逐奔之義据是疑正義本及下有一人二字

工尹至禮焉惠棟挍宋本無此五字

苛慝不作今此云陳棄疾惠棟挍宋本如此此本作今此云四字闕陳誤棄閩本作字不闕闕今此云陳四字監本同毛本今此云陳四字闕補盜賊伏隱四字非

云十二年楚子狩于州來者惠棟挍宋本如此此本州來者三字闕閩監毛本補

州來使三字按使字非也

工尹商陽與弃疾追吳師　閩監毛本如此此本與疾二字闕

商陽手弓弃疾曰　閩監毛本作疾此本疾字闕

傳之所云人　閩監毛本同惠棟按宋本無人字是也衞氏集說同

而後逐之　惠棟按宋本逐之下有義字是也

諸侯伐秦節

聲之誤也　此本也下脫一○與釋文按嘉靖本不附釋音而也下有桓依注音宣五字蓋誤以釋文羼入也閩監毛本不誤岳本衞氏集說注亦也字止

襄公朝于荆　此本襄上有一○嘉靖本同閩監毛本無

諸侯至悔之○　閩監毛本作○此本○誤自下注在魯至言之○同惠棟按宋本無此五字

故荆言之也閩監毛本同盧文弨挍云當依注改荆爲州

滕成公之喪節

滕成至遂入惠棟挍宋本無此五字

謂敬叔殺懿伯閩監毛本作殺衞氏集說同此本殺字闕

哀公使人弔蕢尚節

行弔禮於野非閩監毛本作非岳本同嘉靖本同此本非誤升衞氏集說非下有也字考文引古本同

魯襄二十二年齊侯襲莒閩本同嘉靖本同監毛本二作三岳本同衞氏集說同案依春秋當作三

哀公至辱命惠棟挍宋本無此五字

謂諸侯大夫士也。閩監毛本同惠棟挍宋本無謂字

故襄二十二年楚殺令尹子南 閩監本如此此本上二誤一毛本下二誤一

孺子𩌏之喪節

孺子𩌏之喪 各本同毛本孺字闕

殯以椁覆棺而塗之 惠棟挍宋本作而宋監本岳本嘉靖本同衞氏集說同此本而字闕閩監毛本而作上非

所謂菆塗龍輴以椁 閩監毛本同岳本同嘉靖本同衞氏集說同釋文出欑塗○按喪大記云君殯欑至於上注云欑猶菆也

爲榆沈 閩監毛本作揄石經同岳本同嘉靖本同衞氏集說同此本揄誤榆注同

孺子至學焉 惠棟挍宋本無此五字

以其正禮而言 閩監毛本同衛氏集說以其作故以

注轅不畫龍 閩本同監毛本轅作輴是也

大夫以柩朝廟之時用輴綍 閩監毛本同惠棟挍宋本綍作紼衛氏集說同

悼公之母節

悼公至妻我 惠棟挍宋本無此五字

季子皐葬其妻節

孟氏之邑成宰 閩監毛本同岳本同嘉靖本同衛氏集說邑成作成邑

朋友不以是弃予 石經同岳本同嘉靖本同閩監毛本弃作棄衛氏集說同疏倣此

恃寵虐民 閩監毛本作恃岳本同嘉靖本同衛氏集說同此本恃誤侍

季子皐葬其妻至繼也 惠棟挍宋本無此九字

以孟氏自爲奢暴之故也閩監本同考文引宋本同毛本自誤白衞氏集說無之字

仕而未有祿者節

君有饋焉曰獻閩監毛本同石經同岳本同嘉靖本同衞氏集說同釋文出有餽云本又作饋正義本作饋

仕而至服也惠棟挍宋本無此五字

則自稱已君爲寡君也閩監本同毛本爲誤謂考文引宋板亦作爲

虞而立尸節

故爲高祖之父當遷者也閩監毛本同嘉靖本同惠棟挍宋本爲作謂宋監本岳本同衞氏集說同考文引古本足利本同

易說帝乙曰閩監毛本同岳本同嘉靖本同考文云古本說下又有說字

虞而立尸有几筵卒哭而諱至自寢門至于庫門惠棟按宋本無此十九字

故未有尸閩監毛本作有此本誤百

筵雖大斂之時已有閩監毛本作筵此本誤庭

喪事素几閩監毛本作素此本素誤案

鄭注云謂殯奠時閩監毛本同衞氏集說同浦鏜按殯改凡○按浦鏜是也賈景伯云言凡非一之義

天子既爾閩監毛本作天此本天誤矣

生時飲食有事處也閩監毛本作事衞氏集說同此本事誤重

然不復饋食於下室文承卒哭之下閩監毛本如此此本不誤下承誤丞

正義曰高祖之父。閩監毛本作父此本父誤事

嫌引祕書　閩監毛本作秘此本祕誤必

則生日是天之命曰爲名也　閩監毛本同惠棟挍宋本曰作日

二名不偏諱節

言在不稱徵言徵不稱在　閩監毛本同石經同岳本同嘉靖本同衛氏集說同考文引古本作言徵不稱在言在不稱徵

軍有憂節

赴車不載櫜韔　閩監毛本同石經同岳本同嘉靖本同衛氏集說同釋文出櫜韔云本亦作韔正義本作韔

軍有至櫜韔　惠棟挍宋本無此五字

但露載其甲及弓 閩監毛本同考文引宋板但作袒衞氏集說亦作但露段玉裁訂說文誤字說云人部曰但裼也故衣部云裼但也嬴但也裎但也今本衣部作袒也袒訓衣縫解爲今綻裂字而失其義矣案依段義則但即袒露之本字宋本袒從俗作也

以下襍文 閩監毛本同惠棟挍宋本襍上有有字

有焚其先人之室節

謂人燒其宗廟 閩監毛本同岳本同嘉靖本同惠棟挍宋本人作火是也宋監本衞氏集說同

有焚至日哭 惠棟挍宋本無此五字

論哀先人宗廟毀傷之事 惠棟挍宋本作毀衞氏集說同此本毀字脫閩本毀字闕監毛本毀作虧非

孔子過泰山側節

使子路問之閩監毛本同嘉靖本同衛氏集說同惠棟按宋本路作貢石經宋監本岳本同石經考文提要云案九經三傳沿革例云實使子貢而興國本及建諸本皆作子路疏亦不明言何人及考石本舊監本蜀大字本越上注疏本皆作子貢以文選李善注及藝文類聚白孔六帖太平御覽孔子家語所引證之則作子貢是也

孔子至虎也惠棟按宋本無此五字

魯人有周豐也者節惠棟云魯人節喪不慮居節宋本合爲一節

哀公執摯請見之閩監毛本同岳本同嘉靖本同衛氏集說同石經闕釋文出執贄

墟墓之間閩監毛本同嘉靖本同岳本同衛氏集說同惠棟按宋本墟作虛注同釋文出虛墓云本亦作墟注同正義本作墟○按虛墟古今字

苟無禮義忠信誠慤之心以涖之閩監毛本同石經同岳本同嘉靖本同衛氏集說同釋文出以莅

魯人至解乎　惠棟挍宋本無此五字

徒作誓盟　監本作誓盟惠棟挍宋本作盟誓

穀梁傳云告誓不及五帝　閩監毛本同衞氏集說穀上有又字

喪不慮居節

謂賣舍宅以奉喪　閩監毛本同嘉靖本同衞氏集說同岳本舍宅作宅舍

延陵季子適齊節　惠棟云宋本延陵至隱也下疏文一則在後其合矣乎經文之下

示節也　閩監毛本同衞氏集說同惠棟挍宋本示作亦宋監本岳本嘉靖本同續通解同考文引古本足利本同案依正義作亦字是也

謂高四尺所　閩監毛本有所字岳本同衞氏集說同此本所字脫嘉靖本同

延陵至隱也　惠棟挍宋本無此五字

論仲尼云季子得禮之事　閩監毛本同衛氏集說云作言得上有葬子二字

及閭廬使專諸刺僚　監毛本作及此本及誤乃閩本同

後讓國又居之　閩監毛本作居此本居誤君

亦節至尺所　惠棟按宋本同閩監毛本亦誤示下故云亦節也同

命猶性也　惠棟按宋本作猶宋監本岳本嘉靖本同衛氏集說同此本猶誤須閩監毛本同

既封至矣乎　閩監毛本同惠棟按宋本作既封至之也無下正義曰三字

案鄭注覲禮云　惠棟按宋本作覲衛氏集說同此本覲誤覿閩監毛本覲誤覿下故覲禮云同

而遶墳三帀也　閩監本同考文引宋板同衛氏集說帀作匝毛本誤市

邾婁考公之喪節

魯魯鈍也　閩監毛本同岳本同嘉靖本同衛氏集說同釋文出頓也云本亦作鈍正義本作鈍

邾婁至其祖 惠棟按宋本無此五字

此是使致之辭也 惠棟按宋本如此衞氏集說無之字此本是使誤居養辭誤音閩監毛本同

諸侯之來屈辱臨於敝邑者 惠棟按宋本作於敝此本於敝誤益弊閩監毛本同

謂應簡易而爲廣大 惠棟按宋本如此此本應簡誤惡維閩本同監毛本作惡簡亦非

君見有是不忘可悉 閩監毛本同惠棟按宋本有作存是也

案春秋昭三十年 閩監本同毛本三誤二考文引宋板作三

故論語云子之迂也 閩監毛本同段玉裁按本迂改于依鄭本

親自致璧於柩及殯上者謂之親含 惠棟按宋本作者衞氏集說同此本者字模糊閩監毛本誤若

天子崩節 。

祝佐含斂先病 宋監本岳本嘉靖本同惠棟按宋本亦作病閩監毛本病誤服

以爲棺椁作棺椁也 閩監毛本同岳本同嘉靖本同衞氏集說無以字考文引古本足利本棺下有之字案正義云可以爲周棺之椁者疑正義本注文亦有之字

天子至其人 惠棟按宋本無此五字

祝佐含斂先病故先杖也 考文引宋板同續通解同閩監毛本病誤服下病在祝後同

三日子大夫人杖 閩監毛本子大作太子衞氏集說同惠棟按宋本無大字

案如大記及四制 惠棟按宋本同閩監毛本如作喪○按如者如上喪大記及喪服四制也嚴杰云

此據朝廷之士閩監本作士此本誤七

若存則人神均其慶閩監毛本作存衞氏集說同此本存誤有

齊大饑節

齊大至可食惠棟挍宋本無此五字

邾婁定公之時節

有弒其父者閩監毛本同石經同岳本同嘉靖本同衞氏集說同釋文出有殺云本又作弒同式志反下臣殺子殺同正義本作弒

子弒父凡在宮者殺無赦閩監毛本同石經同衞氏集說同岳本宮作官嘉靖本同考文引古本足利本同正義云此在宮字諸本或爲在官恐與上在官相涉而誤也據此則作在宮者亦孔氏所見之本而非正義所用之本也

郝婁至舉爵　惠棟挍宋本無此五字

晉獻文子成室節　惠棟挍云晉獻文子節仲尼節宋本合爲一節

禱求也　閩監毛本同岳本同嘉靖本同衛氏集說同考文引古本足利本求下有福字

晉獻至善禱　惠棟挍宋本無此五字

晉獻文子成室者　閩監毛本有文字此本脫

九原文子家世舊葬地也　閩監毛本同惠棟挍宋本原作京

令國民族葬　閩監本同衛氏集說同考文引宋板亦作民毛本民誤名

仲尼之畜狗死節

畜狗馴守　閩監毛本同岳本同嘉靖本同衛氏集說同考文引宋板狗作利盧文弨云觀釋文音狗在後似宋本利字是豈釋文正文無狗字耶

其他狗馬閩監毛本同岳本同嘉靖本同衛氏集說同考文引古本足利本馬下有死字

季孫之母死節

既不敢止閩監毛本作止岳本同嘉靖本同衛氏集說同此本止誤主

見兩賢相隨彌益恭也惠棟挍宋本作彌益恭宋監本岳本嘉靖本同衛氏集說同閩監毛本作彌敬此本作禮益雷雷字涉下靁字誤也

季孫至遠矣惠棟挍宋本無此五字

斯此此其施行可久遠矣惠棟挍宋本同閩監毛本下此誤也

然君在大夫得斯爲二子辟位者閩監毛本同惠棟挍宋本斯作私案私是也衛氏集說同得上衍不字

陽門之介夫死節

睨闚視也　閩監毛本同岳本同嘉靖本同衛氏集說闚作窺釋文本同

陽門至當之　惠棟挍宋本無此五字

而已是助語句也　閩監毛本同考文引宋板語句作句語衛氏集說同

魯莊公之喪節　此節疏閔公是莊公之子是字起至下節疏左傳吳季札傳字止計失一頁

時子般弒　閩監毛本同岳本同嘉靖本同衛氏集說同釋文本弒作殺考文引古本同宋監本作殺

魯莊至不入　惠棟挍宋本無此五字

既葬竟除凶服於外　閩監毛本同惠棟挍宋本既上有故字

衰亦不入可知也　閩監毛本如此衛氏集說同惠棟挍宋本無亦字

孔子之故人曰原壤節

孔子至故也惠棟挍宋本無此五字

許其求進之情惠棟挍宋本作來此本來作求閩監毛本同

妄爲流宕閩監毛本作宕此本宕誤岩

趙文子節

晉羊舌大夫之孫名肸閩監毛本有肸字岳本同嘉靖本同衛氏集說同此本肸字脫釋文出名肸

陽處父襄之大傅閩監毛本襄下有公字大作太衛氏集說同岳本嘉靖本同惟大不作太釋文出大傅考文引古本足利本襄公上有晉字

要君以利是也閩監毛本同岳本同惠棟挍宋本無也字宋監本嘉靖本同考文引足利本同案此本疏標起止亦無也字

文子其中退然如不勝衣　閩監毛本同石經同岳本同嘉靖本同衛氏集說同釋文出追然云音退本亦作退正義本作退韋昭注國語楚語引禮亦作其中退然

其言吶吶然如不出諸其口　惠棟按宋本有諸字石經宋監本岳本嘉靖本同衛氏集說同此本諸字脫閩監毛本同石經考文提要云宋太字本宋本九經南宋巾箱本余仁仲本禮記纂言至善堂九經本俱有諸字

官長所置也　閩監毛本作官岳本同嘉靖本同衛氏集說同此本官誤宮

潔也　惠棟按宋本潔作絜按絜潔正俗字

趙文至子焉　惠棟按宋本無此五字

文子云此處　閩監毛本同惠棟按宋本云作言

文子曰言處父唯行專權　惠棟按宋本作權此本權誤植閩監毛本同盧文弨云曰

字衍

不得以理終沒其身 惠棟挍宋本作理此本理誤至閩監毛本同衞氏集說作不能以理終沒其身

云謂剛而專已者 閩監毛本同惠棟挍宋本云下有栯字

及溫而遻 閩監毛本作還此本還誤遻

見利至稱也者 閩監毛本同惠棟挍宋本無者字

故鄭其言之 閩監毛本其作具

文子至其口者 閩監毛本同惠棟挍宋本無者字

如不出諸口 作於 閩監毛本同衞氏集說同惠棟挍宋本諸

謂鄉射去射處五十步 惠棟挍宋本作去此本去誤大閩監毛本同

一步料二寸　閩監毛本同浦鏜云料當科字誤

死不屬其子者　閩監毛本同惠棟挍宋本者作焉

從趙文子始　閩監毛本同惠棟挍宋本無趙字

叔仲皮學子柳節

衣當爲齊壞字也　惠棟挍宋本宋監本嘉靖本同閩監毛本齊作齋岳本同衞氏集說同五經文字云齋說文齋經典相承隷省今經文多借齊字代之案疏中齊字閩監毛本亦皆作齊無作齋者

繆讀爲木樛垂之樛　惠棟挍宋本如此疏同宋監本岳本嘉靖本同此本讀誤當閩監毛本同木作不衞氏集說作讀爲不樛垂之樛段玉裁云不樛是也木樛誤岳本禮記考證云案喪服傳作不樛垂孔氏云樛謂兩股相交也五服之經皆然唯吊服環經不樛又雜記云纏而不樛是環經不樛也据此則原本木字乃不字之訛

繐衰小功之縷而四升半之衰閩監毛本同岳本同嘉靖本同衞氏集說同釋文出之縷案此縷字不誤喪服傳云繐衰者何以小功之繐也其之縷誤之繐當据此正之

而多服此者惠棟挍宋本有此字宋監本衞氏集說岳本嘉靖本並同此本此字脫閩監毛本同

婦以諸侯之大夫爲天子之衰閩監毛本同岳本同嘉靖本同衞氏集說同惠棟挍宋本婦下有人字考文引古本婦以作使婦人以○按疏標起訖無人字

叔仲至環經惠棟挍宋本無此五字

欲令其妻身著繐衰閩監毛本如此此本令誤今繐誤總

云繆讀爲不樛垂之樛者閩監毛本如此此本樛垂誤言圭惠棟挍宋本不誤木下同

知者以叔仲衍閩監毛本作衍此本衍誤族

如爵弁而素 閩監毛本作衍此本爵字闕

成人有其兄死節○

緌爲蜩喙長在腹下 閩監毛本同嘉靖本同岳本爲作謂衛氏集説同考文引宋板古本足利本同

成人至之衰 惠棟挍宋本無此五字

聞孔子弟子子皐 閩監毛本如此此本孔誤且

緌謂蟬喙長在口下 閩監毛本作謂此本謂字闕

匡自著蠻 閩監毛本作著衛氏集説同此本著誤若

非爲蜂設亦如成人 閩監毛本作設亦此本設亦二字闕衛氏集説作設譬考文引宋板同

服是子臯爲之閩監毛本如此衛氏集說同此本臯爲二字闕

樂正子春之母死節

樂正至吾情惠棟挍宋本無此五字

歲旱節

覬天哀而雨之閩監毛本同岳本同嘉靖本同衛氏集說同釋文出庶覬云本又作幾是釋文本覬上有庶字

毋乃不可與閩監本同石經同岳本同衛氏集說同毛本毋誤母嘉靖本同下毋乃已疏乎同

歲旱至可乎惠棟挍宋本無此五字

孔子曰節

孔子至善夫惠棟挍宋本無此五字

轂則異室　閩監毛本同衛氏集說轂上有詩云二字

故善魯之祔也　惠棟挍宋本作祔衛氏集說同此本祔誤夫閩監毛本同

附釋音禮記注疏卷第十終　惠棟挍宋本禮記正義卷第十四終記云凡三十三頁宋監本禮記卷第三經五千八十一字注四千九百三十六字嘉靖本禮記卷第三經五千七百四字注四千八百九十八字

禮記注疏卷十挍勘記

傳古樓景印